JN439278

안세경愛 희망 이야기

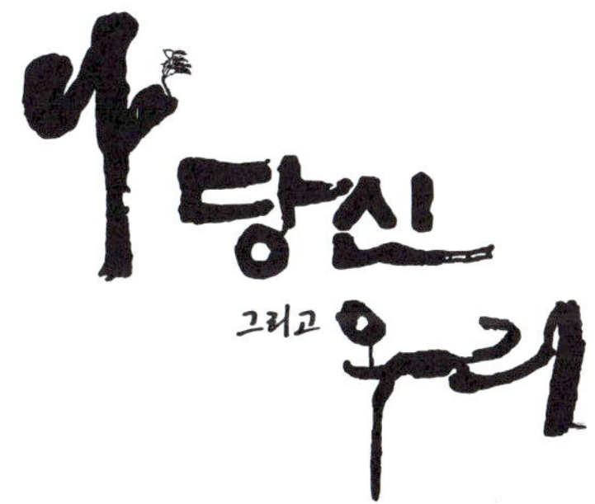

안세경 愛 희망 이야기

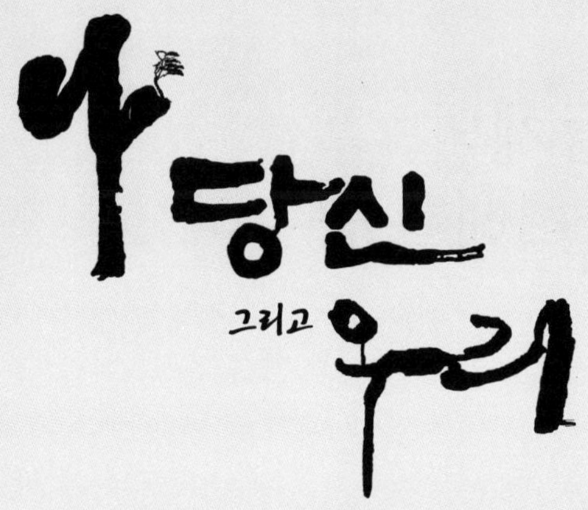

신아출판사

● 여는 글

지역공동체의
더 나은 미래를 꿈꾸며

제가 『나, 당신 그리고 우리』 라는 책을 내면서 정말 많은 생각에 잠겨 보았습니다.

지나온 수많은 시간 속에 만났던 소중한 인연들.

나름대로 바르게 행하려던 30년 공직 생활의 수많은 일들.

그러나 돌아와 보니 결국 남은 것은 사람 그리고 사랑이었습니다.

만남에도 일에도 사랑이 꼭 필요하다는 것을 느끼며 이렇게 제 자신을 돌이켜보고 앞으로의 인생을 계획할 수 있는 기회를 갖게 된 것도 큰 축복이라 생각합니다.

그동안 외롭고 힘든 일도 많았지만 많은 분들의 사랑과 격려가 있었기에 오늘의 제가 있을 수 있다고 생각합니다. 앞으로도 제가 어디에, 어떤 모습으로 머물든 많은 사람들의 귀한 말씀을 귀담아 듣고 그 분들의 사랑이 헛되지 않도록 살렵니다.

시작은 설렘과 기대로, 마침은 아쉬움과 후회로 남게 되는 법이지만 저는 이제 또 한 번 새롭게 시작하려 합니다. 바로 눈앞이 아닌 시간이 흐른 후에 평가받고 싶은 소망이 있습니다.

그동안은 그저 묵묵히 저의 모든 것을 바쳐 열심히, 그저 열심히 하겠다는 생각밖엔 없었습니다. 이제는 큰 함성만 듣지 않고 작은 속삭임까지도 놓치지 않고 들을 수 있도록 제 귀와 마음을 열어 놓겠습니다.

짧지 않은 시간을 공직자로서의 신념과 원칙을 지키기 위해 노력했던 많은 날들의 고민과 경험을 좀 더 많은 분들과 나누고 싶은 소망으로 이 책을 펍니다. 또 제 인생에 있어서 잊히지 않을, 꼭 기억하고 싶은 추억들에 대한 단상도 보여드리고 싶었습니다. 그리고 지역발전을 위해 열심히 뛰었던 현장의 순간들과 그곳에서 만난 수많은 동료, 그리고 시민과의 소중한 인연들도 차곡차곡 기록했습니다. 그래서 이 책은 제 인생에 대한 회고일 뿐 아니라, '나'와 함께 한 모든 '당신'에 대한 추억담이기도 하고, 지역민과 지역공동체의 더 나은 미래를 꿈꾸는 '우리'에 대한 얘기이기도 합니다.

끝으로 얼기설기한 기록들을 정리하고 책으로 모양을 갖추는 데 도움을 주신 안영 선생님, 그리고 공직생활 동안 인연을 맺은 모든 분들께 이 자리를 빌어 따뜻한 감사의 인사를 전하고 싶습니다.

이 책을 생애 최고의 동료이자 가장 소중한 직언자이기도 한, 제 아내에게 바칩니다.

2010년 정월에

안세경

Contents

PART 02 전주, 그리고 내 고향 솜리

PART 03 진짜 잘해줄게

PART 04 전북 경제의 파이를 키우자

PART 05 매력 덩어리, 알부남

PART 01

일 속에 빠진 남자

나를 키워준 희망의 만경강

김제 만경강 근처에 가면 심포 개펄의 비릿한 바다내음이 코끝을 자극한다. 밤송이 머리 사춘기 시절 봉사활동 갔다가 처음 맡아본 것과 같은 해풍에 밀려오는 알싸하고 비릿한 냄새가 향기롭다.

붉은 염초가 지천으로 자라고 머리를 풀어헤친 갈대숲은 시선의 끝이 없다.

국장 시절 열정이 식지 않은 시간들이 내게 노크를 하면, 새벽같이 눈을 비비고 주섬주섬 옷을 입고 길을 나서곤 했다. 만경강 주변의 하천은 내가 삼십 세가 안 되었을 적엔 제법 멋있는 장소였다.

새만금 간척공사가 한창 진행 중일 때, 만경강은 어머니 품 같고 우리들의 젖줄기이기에 환경문제를 고려하여 반드시 생태하천으로 만들어야 한다는 생각이 멈추지 않았다.

만경강은 전북의 미래이다. 아니 대한민국의 꿈이다. 만경강을 자연적, 문화적, 친환경적으로 변화시키기 위해서는 만경강에 배가 드나들던 아름다운 시절을 기억해야 한다. 생태공원화와 주민들의 여가활용에 만경강이 역할을 할 수 있도록, 젊은이들의 꿈과 낭만이 살아 숨쉬는 아름다운 강으로 거듭나게 해야 한다.

'전군도로 100리 벚꽃 길' 은 우리나라에서 가장 긴 벚꽃 길이었다. 그러나 오늘날의 그 꽃길은 자동차 배출가스 등으로 수명이 다해 번영로의 옛 모습은 찾아볼 수 없으며, 도민들의 애정과 관심의 대상에서 크게 멀어져갔음은 인정할 만한 일이다.

아름다운 김제 만경강 주변에 석양이 내려올 때까지 생태하천에 대한 계획은 영화필름처럼 이어지고, 아름다운 풍경이 펼쳐질 화려한 그날을 만들고자 하는 수많은 생각들이 어둠과 함께 고즈넉한 풍경 속에 젖어든다.

자연과 인간의 만남; 서로 하나되어 상부상조하며 살아가야할 강, 그곳에서 상념의 나뭇가지와 조약돌을 던진다. 잔잔한 수면에 이는 파문을 바라보며 만경강의 생태하천은 우리들 미지의 세계이고 희망임을 다시 한번 감지한다.

피 끓는 젊은시절 아내와 손을 잡고 강변을 달리면서 맡았던 냄새와는 달리 비릿한 그 냄새는 바로 풋풋한 인간향기로 강의 속살

거림도 잠재우는 편안함이었다. 그 넓은 황금 들녘을 마주하고 광활하게 이어지는 강줄기 만경강은 바다와 같은 강이다.

지금 시작은 미약하지만 만경강을 살리는 운동을 계속하여 후손들에게 친환경적인 자연유산으로 물려줄 수 있었으면 한다. 나의 일이 아니라고 무관심할 것이 아니라 우리 모두의 아름다운 책무임을 통감하며 생태하천으로 가꾸자는 하나의 목소리가 필요하지 않을까 하는 생각이 들었다.

만경강 주변은 대설이 지난 지금, 쓸쓸한 바람에 철새보다 더 아름답게 잎사귀들이 눈발처럼 흩날린다. 만경 주변에서 삶을 영위해 나가는 사람들 또한 철새보다 더 빠르게 질주하고 있다.

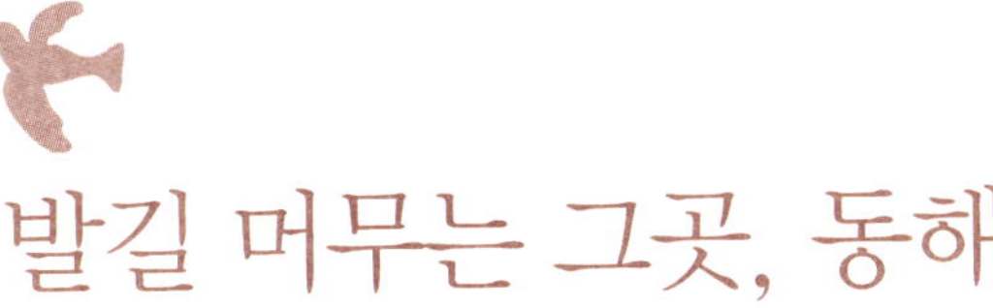

발길 머무는 그곳, 동해

하늘이 얼어있는 아침이다.

삶이 버거울 때, 한없이 깊은 슬럼프에 빠져 허우적일 때마다 등을 토닥여주고, 있는 그대로 인정해주는 동해 바다를 찾았다. 탁 트인 넓은 바다처럼 너그러워지기 위해 꿋꿋한 등대가 되어 본다. 해가 수평선 너머로 사라질 때까지 나는 바다의 일부가 된다.

세파에 시달린 사람들에게 따뜻한 어머니의 젖무덤 같은 편안함을 무조건 나눠주는 바다. 그 바다 앞에 나를 고통스럽게 한 소소한 일상들이 부서진다. 물결 따라 흘러간다. 넉넉한 바다의 품에 안겨 뭉툭한 눈물을 쏟고 나면 동쪽 바다 끝에서 불끈 솟아오르는 태양의 힘이 솟는다. 이제 나는 세상을 향해 외친다. "나는 행복하다." 목소리가 바다에 젖어들 때까지 소리치고 나면 연무 속에서 겨울비 내리는 바다와 끝없는 소통을 시작한다.

어둠 속에서 슬피 우는 파도와 목놓아 울고 어슴푸레 먼동이 트면 일출의 새로운 희망의 메시지가 내 가슴에 활자되어 꾹꾹 박힌다. 고뇌와 번민을 뭉개고, 힘과 용기를 심어준다. 잃어버린 시간을 찾아서 내적 갈등의 쓰레기들을 비우고, 원망했던 것들을 모두 다 씻을 수 있는 바다는 내 온갖 허물을 받아주는 안식처이다.

울산 동서네 가족들과 해변을 거닐며 소주 한 병에 팔딱거리는 횟감을 먹다보면 어느새 나의 고통은 사라지고 힘들었던 내 육신은 새롭게 꿈틀거린다. 바다는 언제나 나의 의문을 외면하지 않고 아무리 바빠도 응답을 해준다. 술 한 잔에 외로움 타서 바다에게 한 잔 권하면, 바다는 더욱 더 또랑또랑한 목소리로 날 타이른다.

소중한 사람들의 이름을 부를 수 있는 바다, 온몸에 힘이 빠져 걷기도 힘들 때 바다도 취하고 나도 취할 수 있는 바다. 삶의 진한 향기를 맛볼 수 있는 바다는 내게 너무나 소중한 벗이다.

삶에서 가장 파괴적인 단어는 자포자기이다.

'자포자기'를 자주 사용하는 사람들은 가난하고 불행하고 실패할 사람들이다. 희망은 언제나 동해바다에서 자라난다. 동해바다를 다녀오면 내 가슴의 검버섯이 벗겨지는 기분이다.

인간은 누구나 혼자 세상에 태어나 혼자 먼 길을 가고 있다. 가장 힘들고 가장 어려울 때도 특히 외로운 고시를 준비할 때는 더욱 더 혼자였다. 고통스런 일에 직면했을 때 나 혼자 다독이고, 나 혼자 결정해야 하기에 너그러운 바다가 그냥 이유 없이 좋았다.

지금 이대로 내게 있는 약점을 인정해주고 극복하려고 하지만, 내 안의 열등감을 그 누구도 치유를 하지 못했다.

바다는 내가 어떤 상황에서 살아야 할지 어떠한 행동을 가지고 움직여야하는지에 대해 일일이 알려주었다. 바다의 표정과 말을 듣고 나는 삶의 길을 걸어왔다. 늘 나와 마음을 나눌 수 있는 동해 바다.

그래서 가끔 내 마음 혼란스러울 때 무작정 발길 머무는 곳은 바로 그곳 동해바다이다.

맛과 풍류를 담은 '전주막걸리'

술을 좋아하는 친구들이 어쩌다 전주를 찾는 날이면 함께 어울려 찾는 곳이 막걸리 집이다. 물론 개인적으로 막걸리를 좋아하는 탓도 있지만 막걸리 집을 찾는 이유에는 전주막걸리에 숨겨진 놀라움이 있기 때문이다.

우선 술값이 매우 싸고 푸짐하다는 것이다. 막걸리 한 주전자에 술상 가득 차려 나오는 안주를 보면 절로 입이 떡 벌어진다. 그래서 친구들은 막걸리 집에 가면 술맛만 나는 게 아니라 후한 인심에 술 마시는 멋까지 난다고 너스레를 떤다.

사실 막걸리 맛도 맛이지만 전주만의 넉넉한 인심과 맛깔스런 음식에 감탄하는 게 진짜 이유일 것이다.

우리나라에서 가장 오래된 전통 술 막걸리. 막걸리는 전주의 인심과 정서를 대변한 대표적인 전주의 맛으로, 전주만의 독특한 문화적 코드를 담고 있다.

『혼불』의 작가 최명희 씨는 전주의 문화적 코드를 '저항과 풍류'로 해석했는데, 이 중 풍류는 전주를 감싸 안은 도시적 상징이었다.

이 풍류가 맛을 만나 탄생한 것이 '전주식 막걸리'이다. 때문에 전주의 맛에는 전주사람들의 풍성하고 넉넉한 인심이 있다. 전주 막걸리에 듬뿍 담긴 푸짐한 안주에는 이러한 인심이 담겨져 막걸리의 맛을 더욱 농익게 한다. 여기에 추억과 향수가 담긴 복고식 문화트렌드가 젖어 있다면 전주막걸리의 맛은 최고조에 달한다.

막걸리는 농주 또는 서민주로서, 과거 농경사회에서는 공동체를 형성하는데 단순한 술 이상의 역할을 해왔다. 그렇기 때문에 마을 입구에 위치한 주막은 서로 다른 마을의 문화와 문화가 접목할 수 있는 사랑방이었다.

이 막걸리에는 오덕이 있는데, 취기가 심하지 않고, 길지 않으며, 추위를 덜어주고, 일하기 알맞게 해주며, 허기를 달래준다는 것이다.

이러한 막걸리가 최근 전통국민주로 각광받으면서 전국적으로 '전주식 막걸리'가 인기를 모으고 있다. 특히 전주한옥마을을 방문하는 관광객들 사이에 전주막걸리를 찾는 횟수가 갈수록 늘어나고 있다.

전주시가 전주막걸리를 브랜드화 해서 관광 상품으로 개발하려는 '막 프로젝트' 에 착수한 것도 이러한 맥락에서 출발했다.

한마디로 전주를 대표하는 음식브랜드인 '전주비빔밥' 과 '전주콩나물국밥' 의 뒤를 잇는, 한 주전자 시키면 수십 가지의 안주가 함께 나오는 '전주식 막걸리' 를 관광 산업화 하려는 프로젝트인 것이다.

음식의 고장 전주의 이미지를 막걸리에 접목한 이 프로젝트는 고품질의 전주막걸리 계발로 지역경제 활성화에 도움을 주고자 추진하고 있다.

전주에는 삼천동과 서신동 평화동 등 아파트와 주택가를 중심으로 100여 개의 막걸리 집이 있다. 전주시는 전주막걸리 집을 도시관광 자원화 및 명소화를 위해 안주 특성화를 추진하고 막걸리 집 주변 환경과 위생적인 업소관리를 구상하고 있다.

또한 술통과 술잔 개발, 한방막걸리 등 독특한 막걸리를 개발해 지역의 브랜드가 될 수 있도록 할 계획이다.

막걸리는 한국 전통 발효식품 중에서 우리의 식문화 형성에 중요한 역할을 차지하고 있다. 외래의 음주문화에 빼앗긴 전통주의 위치를 찾는다는 것은 우리의 전통발효식품과 식문화의 기반을 굳건히 하는 계기가 될 것이다.

김장철이 되는 11월이면 전주에는 한옥마을을 중심으로 비빔밥 음식축제가 열린다. 막걸리에 잘 어울리는 안주로 꼽히는 김치등 맛깔스런 음식과 함께 막걸리 축제도 준비하고 있다.

막걸리와 김치의 어우러짐. 전주의 대표적 맛이 지역문화와 경제를 이끌어가는 동력이 되기를 기대해 본다.

주전자 속의 행복

싸락눈이 길가에 하얗게 내리면 나는 삼천동 골목을 지나 막걸리 집을 찾는다.

문인, 화가, 서예가, 공예가 등 지역예술인이 막걸리 집과 자매결연을 맺고 예술인은 이곳에서 공연이나 작품 전시회를 할 수 있다. 막걸리 집은 실내 인테리어를 좀더 품격있게 할 수 있어 영업에 긍정적 효과를 누릴 수 있고, 예술인들은 서민적인 공간에서 시민들 곁으로 다가가는 예술활동을 할 수 있는 기발한 발상을 활용할 수 있다는 점에서 관심이 많다.

전주만의 독특한 막걸리문화를 만들어 관광객을 유치하고 전주 막걸리를 전주비빔밥, 콩나물국밥, 한정식 등과 함께 전주의 대표적 음식으로 육성해 나갈 계획이다.

요즘처럼 차가운 날씨에는 정겨운 사람들과 살 냄새 맡으며 찌그러진 노란 주전자의 하얀 막걸리와 걸판지게 나오는 안주에 빠져 저절로 시흥에 취하게 된다.

20여 종류의 안주가 상 가득 자리하고 먹음직스럽게 빨간 속살을 내보이는 횟감과 생선구이 그리고 족발들을 먹다보면 밤새 창문을 흔들어대는 바람도 무섭지 않아 행복한 밤으로 이어진다.

1970년대에 호황을 누리던 막걸리 집들이 차차 맥주와 양주에 밀려 꼼짝 못하다가 외환위기 이후 되살아나 전주의 맛 알리기에 팔을 걷고 나섰다. 안주가 갈수록 고급화되고 동종업계끼리 치열한 경쟁을 하다보니 계절별 요리가 아주 풍성하고 특색있는 안주들이 애주가들의 발목을 잡는다.

알음알음 소문을 듣고 찾아오는 사람이 많다 보니 자고 일어나면 업소가 생길 정도이다. 술값만 받고 거의 한정식 수준의 공짜 안주가 나오는데 주문의 양에 따라 안주가 고급화되며 식사를 원할 경우 언제든지 먹을 만큼 꽃게장과 김을 푸심하게 내놓는 센스도 있어서 기분 좋은 술좌석이 되곤한다.

전주시는 판매업소를 선정해 간판 등 내 · 외부 정비를 도와주는 한편 세계 최초로 막걸리 지도를 만들어 배포하는 등 공을 들였다. 그리고 몇 해 전에는 국정감사를 나온 국회의원들을 모시고 직접 막걸리를 대접한 바 있는데 맛이 텁텁하고 구수한 전주 막걸리 맛에 감탄한다면서 다음 기회에 전주에 오면 꼭 막걸리 맛을 보겠다고 선약을 하기도 했다.

새로운 풍속도는 저녁식사 약속을 아예 막걸리 집으로 한다. 전주 시내는 불야성이다. 연인, 부부, 각종 모임 등 요즘은 아주 부담없이 즐기고 있는 명소로 둔갑하고 있다.

냉장고에 키가 똑같은 모양의 막걸리들이 가득 차 있다. 그 중에는 위의 맑은 것만 마시고 나머지는 버린다. 막걸리도 마시는 사람의 구미에 따라 윗물, 아랫물 구분이 되는 모양이다.

예전에 농사철 들판에서 새참이나 점심 때 마시는 막걸리는 으레 막사발로 마신다. 모든 애경사에는 막걸리와 막사발이 등장한다. 막걸리는 사발에 가득 부어 깨끼 손가락으로 휘휘 저어 쉬지 않고 훌렁 마시고 비워야 제격이다. 특히 농부가 옷깃을 풀어 헤친 채 논두렁이나 밭두렁 나무그늘 밑에 주저앉아 한 사발 마시는 게 썩 잘 어울린다.

천상병의 시에는 막걸리에 대한 절절함이 있다.

> 아침 깨니/ 부실부실 가랑비 내린다./
> 자는 마누라 지갑을 뒤져/ 백오십 원 훔쳐/ 아침 해장으로 간다./
> 막걸리 한 잔 내 속을 지지면/ 어찌 이리도 기분이 좋으냐.

또 전주 전통술 박물관에 걸려있던 액자 속 글이 우리를 피식 웃게 만든다.

"날씨야
네가 아무리 추워봐라
내가 옷 사 입나.
술 사먹지."

막걸리는 허기를 다스려 주니 좋고, 취기가 심하지 않으니 좋다. 추위를 덜어주고, 일하기 좋게 기운을 돋워주니 그만이며, 의사소통을 원활하게 하니 이보다 더 좋은 친구가 어디 있으랴. 누구나 사발에 가득 부어 시원하게 들이키는 희고 걸쭉한 전주막걸리 맛을 보았다 하면 일과 사람을 만나는 일에는 그만이다.

술 마시는 풍습도 많이 달라져 애주가들이 모이다 보면 욕설에 쌈질이 있을 듯하지만 요즘에는 눈 씻고 볼래야 찾아볼 수 없다. 막걸리는 낭만이다. 목소리는 허름한 주막을 뚫고 나갈 듯하지만 턱수염에 하얀 막걸리 거품이 묻은 사내들은 그냥 애기처럼 천진스럽기만 하다.

전주의 막걸리는 전국 사람들을 다 불러 모은다. 그래서 인심이 후하다.

김천생활을 마치고 떠나올 때 돼지를 잡아 송별회잔치를 해주던 그분들을 잊지 못하는데 이런 밤이면 김천 역에서 서울 역까지 환송해주시던 그분들을 떠올리며 막걸리를 쭉 들이키고 싶다.

수석에서 얻은 깨달음

목계수납에서 장장의 도움으로 수석에 대한 취미를 얻어 수석 두 개를 발견했다. 서울을 향하는 버스길이 어찌나 즐거운지 아이같이 의자에 앉아 계속 밖을 쳐다보며 집 생각만 하였다. 객지 생활이 무척 피곤하고 말할 수 없이 고생이다.

수석을 수집하다 보면 나에겐 네 가지의 좋은 점이 있다.

첫째, 강가를 거닐면서 시선은 오로지 바닥과 물속을 빤히 들여다보니 건강에 좋고 맑은 공기를 마셔서 좋다.

둘째, 취미로 단시간의 재미가 아닌 장기적인 즐거움을 맛볼 수 있다.

셋째, 마음을 평정시키고 경제적인 비용문제나 가족 등 타인에게 해를 주지 않는 점이 강한 장점이라고 생각하기에 틈만 나면 강가로 나간다.

자연의 선물인 수석은 우리 역사와 더불어 애환을 함께한 돌이기에 어느 날부터 살그머니 마음이 움직였다.

어느 지인은 주말마다 산과 강을 넘나들며 수석을 모은다. 사나운 사람의 성난 얼굴처럼 잔뜩 찌푸린 초겨울 날씨에도 그는 두툼한 옷을 걸치고 아주 허름한 신발을 신고 사방팔방으로 수석을 찾아다니고 있다.

지인은 가정을 잘 다스리고, 부하직원들과의 소통을 위해 일의 매듭이 풀리지 않으면 다니곤 하였다면서 어느 날 전화가 왔다. 드디어 좋은 수석을 만났다고, 한 번 식사를 하잔다.

기대를 걸고 약속 시간이 길면 안 되겠기에 당장 만났다. 수석이라면 커다란 보퉁이쯤은 있어야할 법한데 혼자 덩그라니 앉아 있었다. 궁금하여 물으니 걱정 말고 앉으라고 하며 귀에 입이 걸릴 정도로 흐뭇해하는 표정이었다. 드디어 말문을 열며 호주머니 안에서 작은 돌을 꺼내보였다.

내가 보기엔 아무 돌도 아니었다. 풍화나 침식 등 자연적인 작용으로 이루어진 모양의 작은 돌도 아니고, 또는 미적인 가치도 없었다. 이상하여 물어 보니 성질이 사나워 항상 모가 난 돌처럼 언행을 하였는데 이 돌을 만나는 순간부터 두리뭉실하게 살고 싶다는 생각이 들었다는 것이다. 고집과 이기심을 버리고 여생을 살고 싶어 언제나 호주머니에 넣고 다니면서 화가 치밀어 오를 때마다 주머니 속의 돌을 매만지며 속으로 삭이고 삭인다고 했다. 그러다보니 이젠 화가 날 일도 없고 미운 사람도 없고 만나는 이마다 다 착하고 좋은 사람으로 보여 매일 막걸리 값이 많이 든다고 하였다. 웃는 모습을 보니 정말 모가 난 친구의 성격이 둥근 돌처럼 다듬어져 있었다.

산수의 전경을 생활 가까이에서 누리고 정서적으로 편안하게 하는 수석이 이렇게 사람을 변화시키다니 참으로 권할 만하다.

나의 영혼을 깨워준 친구

모처럼 여행길에 올랐다.

올해는 어느 해보다도 지지부진한 아니 지루하게도 기나긴 장마였다. 피서나 휴가도 아닌 방학 비슷한 시간을 혼자서 견뎌낼 때쯤, 내 특유의 방랑벽이 내 안에서 꼬물거렸다.

잠을 이룰 수가 없을 만치 가슴에 커다란 불덩이가 치밀어 올라 새벽 4시 반쯤 벌떡 일어났다. 그리고 옆에서 뒤척이는 아내도 모르게 속옷과 양말 몇 켤레, 트레이닝복을 담은 가방을 들고 야반도주하듯 엘리베이터에 몸을 실었다. 단 아내에게 '산에 간다, 도착하면 전화 한다.'는 메시지는 확실하게 남겼으니 기본상식은 있었던 모양이다.

신세 처량한 사나이가 되어 24시 편의점에 들러 생수와 캔맥주를 사고, 김밥집에서 김밥 두 줄을 사서 배낭에 넣었다. 잿빛 하늘을 보며 출발했다.

행복이 저만치 있던 그시절, 말없는 산과 자연을 찾아 새벽녘에 무작정 길을 떠나 힘겨울 때마다 자신을 돌아보기 위해 찾곤 했던 지리산을 향해 가는 것이다.

고행을 고행이 아니라고 느낄 때에 정말 그것은 아름다운 것이다. 고행이 아닌 참 나의 모습을 발견하는 기회라고 생각하니 이미 몸은 지리산에 가 있었다.

동이 틀 무렵 장터목을 지나 장정 손가락 두께의 김밥 한 줄로 허기를 달래고 천왕봉 정상에서 마시는 맥주 맛은 내 세치의 혀로는 도저히 표현을 못하겠다.

될 수 있으면 사람이 다니지 아니한 새 길을 걷고 싶었다.

계곡을 따라 내려오면서 나의 온몸을 물속에 푹 담가 자유인이 되어 거침없이 흘러가는 구름을 만나도 수치감을 느끼지 않았다.

아름다운 구속에서 벗어나 자연이 주는 쾌락을 맛보니 이게 사람답게 사는 것 같아 금세 행복해지기 시작하였다.

백무동까지 가는 길은 버스를 여러 번 갈아타야 하지만 마침 정씨를 만나 마천까지 직행으로 오게 되었다. 진짜 행운이었다. 정씨는 나를 돕기 위해 오늘 이곳에 나타난 귀인이었다.

시간도 절약하고 고생도 덜 했으니 이보다 더한 횡재가 또 있으랴.

천왕봉을 향해 갈 때 통천문을 지나고 나니 내 마음의 검은 구름이 환히 벗겨지고 있었다. 참으로 이상한 일이다.

무섭고 두려웠던 마음들이 차츰 녹아져 내리고 그곳에서 마신 뽀얀 막걸리 두 병 속에서 친구의 목소리가 크게 울렸다.

"BH로 발령 곧 나겠더라…."

진정 그는 영원한 나의 친구였다.

그 친구가 존재하는 한 내 인생은 실패하지 않았다. 친구 한 명이 나의 영혼을 흔들어 깨웠음이 분명하니까.

가짜 이력서

이른 새벽에 집을 나섰다.

겨울방학을 시작하자마자 학업에서 해방된 몸은 신분을 속이고 노동자로 취업을 했다. 만약 나의 신분이 들통나면 대학생이 공장에 위장취업했다고 잡아갈 일이다. 그 당시 우리나라는 먹고 살기 힘들어 우리는 더욱더 허리띠 졸라매고 일해야 했기에 일부 운동권학생들이 공장노동자들을 선동해 데모를 일으킬까봐 대학생의 위장취업을 견제했다.

저임금을 뻔히 알면서도 차명의 이름으로 위장하고 섬유공장에 입사했다.

내가 일한 곳은 경기도 성남의 의류공장이었는데 연말 주문량의 쇄도로 인하여 야간작업을 하고 있었다. 기술이 없는 내가 배정된

곳은 재단사 보조였다. 그가 원단을 잘라주면 자투리 천을 나르고 색상별로 정리를 하고 먼지가 뽀얗게 이는 그런 상황에도 일 배우는 사람들이 하는 짓은 모두 해내야했다.

원단을 만져봐도 그게 그것이고 그들이 자르고 바느질하는 것도 유심히 보면서 몸으로 이겨내야 하니 이를 악물고 열심히 했다. 노동을 하면서 배고픔의 설움은 어떻게 잊어야할지를 체득했다. 돈은 귀하고 다 털어도 동전보다 먼지가 더 많이 나오는 호주머니를 털어 건빵을 사다 먹으며 나눔과 섬김을 배운 훈훈한 간식시간은 평생 잊을 수가 없다. 값진 인생경험을 하였으니 앞으로 어떤 어려움이나 불행한 일이 닥칠지라도 극복할 힘이 나에게는 항상 비축돼 있다.

소액의 월급이지만 나의 신분을 제대로 말도 못하고 두 달여 동안 남의 이름으로 행세를 하며 알아도 아는 체도 못하며 지내다보니 방학이 거의 끝나가 우리의 아픈 이별의 시간이 다가왔다. 동료들에게 나를 밝히지 못하고 떠나와야 하는 그 마음 너무나 아팠지만, 나로 인하여 위화감이 들지 않도록 하기 위해서는 어쩔 수가 없었다.

중년의 시간. 달아난 시간들이 절규하며 쓰러질듯 힘겨운 고생을 함께 한 동료직원들이 생각난다.

중국에는 이러한 속담이 있다고 한다. "有缘千里来相会, 无缘对面不相识" 천 리를 떨어져 있어도 '인연'이 있으면 언젠가는 만나게 되고 '인연'이 없으면 얼굴을 마주 보고 있어도 서로를 알아보지 못한다는 이야기이다. 모르는 사람끼리 길을 지나가다가 스치는 가벼운 인연마저도 전생에서는 억겁 이상의 인연이 있어야만 일어날 수 있는 뜻 깊은 인연이라 여겼다. 지금 그들의 머리 위엔 하얀 서리가 가득 내렸겠지.

많이 보고 싶다.

그리고 성남에서 일한 그곳에도 가보고 싶다. 그때 시절이 한없이 그리운 밤이다. 가짜 학력의 이력서를 제출했을 때 회사 인사담당자가 나의 손을 보면서 '노동하던 손이 아닌데….', 하던 말이 귓가에 맴돈다.

북에서 맺은 인연

금강산에 머무는 동안 피가 다른 동생이 하나 생겼다.

산을 오르내리면서 북쪽의 가이드를 만날 수 있었는데 너무나 왜소한 체격의 대학생 같은 젊은이가 서 있었다. 딱딱하게 굳어 있는 외모, 약간의 경계의 눈초리, 그러나 똑소리 나게 응답하는 모습들.

한 안내원은 나의 직함을 물었다. 공보관 시절이기에 가슴에 단 이름표가 궁금한 모양이다. 쉽게 이야기하자면 도당의 선전부장쯤으로 알면 된다고 하니 너털웃음을 웃는다. 희한한 웃음 때문에 우리는 한 동네의 친구를 이곳에서 만난 것처럼 금세 가까워지고 서로의 고향을 물으니 가이드는 전주김씨(全州金氏)라고 했다. 나는 모악산 장군봉으로 가다가 중턱에서 좌회전하면 전주김씨 시조 태

서공의 묘가 있는데 천하의 명당이라고 전해주었다. 전주김씨라는 말에 가슴이 짠해져 왔다. 우리는 더 빨리 걷고픈 욕심으로 바짓단을 한 겹 접으며 이야기를 시작하다가 또 다시 놀랐다. 그의 이름은 김명성. 내가 잘 아는 KBS 김국장하고 동명이어서 더 친근감이 들었다. 그는 세상의 빛을 조금 일찍 봤다는 이유 하나만으로 날 형님이라고 부르며 살갑게 대해주었다. 전주에 내려가면 시조묘역 사진을 촬영하여 언제 기회가 되면 꼭 보내달라고 요청을 하였다. 잊지 않으려고 수첩을 꺼내 바로 메모를 하였다. 동생같이 친절한 가이드를 만나 알짜배기 금강산 구경을 한 셈이다.

혹시나 북한직원들에게 말 잘못 하면 문제가 생기니까 조심해야 한다는 강박관념도 있었지만 가이드는 너무나 친절하였다.

그들이 알려준 정보에 의하면 산속에 있는 화장실을 가려면 남자는 1달러, 여자는 4달러를 내야 한단다. 사람들은 될 수 있으면 주차장 근처에서 볼일을 봐야 한다고 더 자주 화장실을 들락거렸다.

금강산은 내 생애 잊지 못할 아름다운 추억들이 보석처럼 많이 박혀 있다. 금강산 가는 분을 통해 그후에도 계속해서 동생의 안부를 전해 들었다. 가슴이 뭉클하다. 펜팔의 인연도 아니고 채팅의 오프라인도 아니면서 이렇게 가슴 설렌 날이 또 있었던가?

보고 싶다, 그 너털웃음의 사내동생 명성이가.

금강산, 눈물에 젖다

마흔 세 번째의 생일을 금강산에서 보내게 되는 영광을 안았다. 꿈에 그리던 금강산에 오르게 되니 의미 있는 생일잔치가 되었다.

상팔암까지 오르는데 산 전체에서 무슨 기운이 뿜어져 나오는 것 같았다. 우리의 선조들이 마치 성지순례하듯 다니던 그런 영산이라서 그랬을까. 조심스럽게 한 발자국씩 내디딜 때마다 느낌이 달랐다.

눈에 보이는 것들은 모두 환호가 터져나올 만치 절경, 비경이었다. 태초부터 아무도 다니지 않은 신성한 곳처럼 훼손되지 않은 그 곳에 몸과 마음의 찌든 때를 다 씻어내고 하늘 한 번 올려다보니 행복감에 젖어 아무 정신이 없었다.

구룡폭포까지는 그리 어렵지 않은 코스였는데 상팔암은 난코스였다. 금강산은 여름에는 봉래산蓬萊山, 가을에는 풍악산楓嶽山, 겨울에는 개골산皆骨山, 봄에는 금강산金剛山이라고 하는데 나는 가을 풍악산에 빠져 있다. 마치 조물주가 거칠고 때로는 섬세한 붓질로 그려 놓은 한 폭의 수묵화 같은 그림이 여기저기에서 나의 발목을 잡는다.

전 생애를 통해 하나님이 만드신 아름답고, 축복받은 땅과 자연을 찾아 구경하는 것도 결코 쉽지 않은 일인데 나는 얼마나 축복을 받은 사람인가?

이번 여행이 정말 아쉽게 느껴지는 건 아내와 동행하지 못했기 때문이다.

지난 15년 동안의 결혼생활을 하면서 힘들어도 내색하지 않고 잘 내조해온 아내를 보면서도 이렇다할 위로 한마디 하지 못했다. 늘 조금만 참자고 손을 잡곤 했다. 그동안 내일 내일 하면서 계속 미루어온 숱한 과제들이 떠오르니 나를 만나 고생만 한 아내가 얼마나 감사한지 모른다.

40대는 나의 일만을 위해 사회와 직장만 생각하고 오로지 그 꿈을 이루기 위해 최고로 힘든 시기였다. 따뜻한 가정에 서둘러 돌아왔지만, 아내와 두 아이들이 고운 눈길과 솜사탕 같은 인사가 없는 날이면 마음 한 구석은 속절없이 허전했다. 그때마다 내가 무엇을 향해 이렇게 가족을 버리고 직장만을 위해 사는지 때론 방향감각을 잃어 휘청거릴 때도 있었다.

아들의 고등학교 입학과 아직도 귀엽고 예쁜 딸의 중학교 진학. 그리고 이와 관련된 이사 등등. 우리 가정의 중요한 일들이 대추나무에 연 걸리듯이 복잡했지만 그 중 가장 중요한 것은 아내의 건강과 언제나 힘이 솟게 하는 은근한 미소였다. 힘든 내색하지 않고 변함없는 마음으로 지켜주는 아내의 사랑이 내겐 절대로 필요했다. 오랜 세월 동안 삭힌 젓갈이 제 맛을 내듯이 나의 아내를 향한 깊은 정도 이제 원숙한 맛을 낼 때가 된 것 같다. 바쁜 일상에 절어 살다가 어느 날 외로움이 엄습할 때면 포근히 안아 줄 사람이기에 오늘도 감사한 맘뿐이다. 백발 노부부가 되어도 변함없이 따뜻한 손 꼭 잡고 여행 다니며 좋은 것, 가지고 싶은 것 다 해주는 남편이 되고 싶다. 그동안 소홀하게 대했어도, 어머니 같고 누님 같은 마음으로 내조를 해준 아내를 생각하니 갑자기 울컥한다. 그러나 소중한 사람과 함께 하는 삶이 있으니 얼마나 감사한가.

그간 날 위해 고생만 했던 사람이기에 축복의 땅 이곳에 와서 지난 과거를 회상하니 감개가 무량하다. 모든 허물을 용서하고 여정을 함께 해나갈 나의 영원한 반쪽 아내는 정말로 내게 소중한 사람이다. 곁에 있음에 항상 감사하는 마음을 표현하지 못했지만, 함께 걸어가는 그 길이 얼마나 행복한지 모른다. 영원이라는 말보다 더 많이 아내를 사랑하리라.

민족의 영산 금강산에 혼자 온 미안한 마음에 하늘을 올려다보며 아내를 생각하다 보니 북한안내원이 나를 빤히 쳐다본다.

(2000. 공보관 시절)

알부남

하영이는 올해 나이가 열다섯 살 된 스웨덴 스톡홀름중학교 여학생이다.

출장길에 나를 안내하고 통역해 준 딸 같은 하영이는 내게서 어렵고 호감이 덜 가는 첫인상을 받았다고 했다. 알고 보면 부드러운 남자인데 말이다. 최근 주변사람들이 나에게 붙여준 별칭은 '알부남' 이다. 나는 그의 인생의 나침반이 되어주고 싶었다. 그래서 하영이가 그동안 한 인터넷 신문에 실었던 글을 다듬고 정리하여 쓴 글을 빠짐없이 읽어보았다. 또래의 일반 아이들과 조금은 다른 시각으로 통찰했다는 생각이 들었다.

하영이의 눈에 비친 스웨덴 학교는 우리나라의 학교와 다른 점이 있었다. 그곳엔 경쟁 대신 '협동' 이 있고 억압과 차별 대신 '자유'

와 '평등'이 살아 숨쉰다고 표현했다. 그리고 그는 책을 펴내면서 세 가지의 원칙을 세웠다고 했다.

첫째, 스웨덴에 대한 선입견을 주지 않는다.

둘째, 주변의 평가나 상황변화에 영향을 받지 않고 자기 생각대로 쓴다.

마지막으로 이 글을 쓰면서 공부에 소홀히 하지 않는다. 라고 말할 정도로 치밀하고 섬세한 계획 하에 자기가 말하고 싶은 내용은 빠뜨림 없이 표현할 줄 아는 소녀였다. 그곳에서 공부하고 생활하는 청소년들의 당당한 모습이 나에게 낯설게 다가왔다.

주입식의 암기 위주 학습법, 학생과 학부모 모두가 일류대를 향해 목숨 거는 대한민국의 공교육 현장에서 과연 우리 청소년들도 그들처럼 자기 인생을 스스로 결정하고 책임지는 법을 터득할 수 있을까에 대한 고민도 아끼지 않았다. 그리고 이 책을 통해서 스웨덴을 비롯하여 북유럽의 교육은 어떻게 실시하고 있는지 교육의 참모습을 전하고자 애쓴 흔적이 여러 편의 글에서 나타났다.

전 세계에서 가장 많은 시간을 공부에 투자하고 있으면서도 그것이 결코 행복과 정비례하는 것 같지 않은 대한민국 청소년들을 위해서라도 이 책은 많은 사람들이 읽어야 한다.

그리고 책을 내기까지 도와주신 모든 이들한테 애교스런 인사도 남겼다. 나 자신은 별로 해준 게 없는데도 불구하고 스톡홀름 문화

부시장과의 오찬자리에 참석할 수 있도록 도와 준 카리스마의 본좌 안세경 전주시 부시장께도 감사를 드린다고 하였으니 얼마나 귀엽고 센스 있는 여학생인지 모른다.

우리보다 여유롭고 발랄하게 사고하는 그들의 모습과 환경을 마냥 부러워만 할 게 아니라, 우리 교육 현실을 되짚어보고 청소년들에게 필요한 진정한 공교육이 무엇인지 고민하는 많은 사람들에게 이 책이 하나의 화두이자 밑거름이 되었으면 한다.

이등병 시절

장교 입대를 기대하지 않고 우선 징집원을 제출하고 육군 이등병부터 나의 군대 시절은 시작되었다.

대학 4학년 때 고시에 합격을 하였지만, 보통 사람들이 걷는 길은 똑같이 가고 싶지 않았다. 화려한 ROTC학군단은 정해진 제복과, 특히 군사정권시대라서 교련시간도 못마땅하게 여긴 나로서는 장교는 바람직하지 않다고 생각했다. 그래서 장교 코스를 거절하고 졸병 이등병부터 시작하였다. 징집원을 내서 81년 8월 15일 논산 훈련소에 입대하였다. 장교를 포기한 이유는 복무기간 단축으로 25개월의 군복무를 마치고 공무원으로 복귀해야 하므로 태양이 이글거리는 그해 여름 국가의 부름에 응한 것이다.

그해 여름은 비가 얼마나 많이 내렸던지. 장대비가 국지성 호우로 변해 산을 덮치고 인근 마을과 다리까지 훑고 갔다. 대민 복구 작업에 출동하여 세상에 태어나 처음으로 삽질을 하고 힘이 거의 소진되기 직전까지 일하는데, 그때 새참으로 나온 국수 맛을 잊을 수가 없다. 사실 면을 좋아하지 않았으며 특히 국수는 아예 먹지도 않았는데 배고픔을 달래는 멸치국물 냄새가 나를 정신없게 만들었다. 논두렁에 앉아 후루룩 마신 멸치국수 맛은 철들어 처음으로 입맛을 제대로 느꼈던 날로 기억된다.

훈련을 마치고 주특기교육으로 광주 포병학교로 갔다.

날마다 이어지는 훈련과 공부. 거기서도 양보를 하지 않았다. 133사격지휘병반에서 표창을 받게 되었다. 1등을 하여 금메달을 받았는데 자대배치가 어디로 될지 가슴이 두근거리는 순간 기차는 어둠을 뚫고 기나긴 밤을 통과하여 송정리 역을 출발했다. 이리 역을 지나칠 무렵 나이 드신 부모님께서는 역 플랫폼에 나오셨지만, 나는 내리지 못했다.

누가 그 마음을 알까? 울먹이며 아픔을 참고 비포장 길로 하염없이 가고 또 가다 보니 하늘만 보이는 강원도 인제군 현리 3군단 포병사령부에 배치되었다.

아무 말도 하기 싫었다. 인생을 쫀쫀하게 맛보일 참인가 보다. 그러나 자대에서 주특기 133은 의미가 없었고 1종계 보급병으로 임무가 부여되었다.

대부분 대학 1년이나 2년을 마치고 입대하는데 나이든 학생의 나이로 가니 모두가 다 나의 군 선배였다. 고등학교, 대학교 후배인 최○○이 장교로 있었다. 나이가 많은 사병생활이란 순탄할 수가 없었다. 바로 선임병, 후임병과의 관계 때문이다. 그냥 먼저 들어온 병사, 나중에 들어온 병사라고만 인지하라는 것인데 오장육부가 뒤틀리는 날도 많았다.

한국 남자들끼리 조직을 만들 때 수평적 인간관계가 성립하려면 굉장히 특수한 조건이 필요하다. 그것을 어기면 체제가 작동하지 않는다. 말단으로 살아남는다는 건 눈물에 젖은 빵을 먹어보지 않은 사람들이 가난을 모르는 것과 같다.

포병은 보병에 비해 입체적, 조직적, 수학적이다. 보병의 개인 화기와는 달리 포병의 대포는 목표를 보지 않고 사격하여 맞추어야 한다. 간접사격 능력을 향상시키기 위해서 관측과 측도를 통한 거리, 방향 등 사격제원의 계산이 따른다.

포병의 5대 요소는 사격지휘, 전포대, 측지, 통신, 관측이다. 날이 거듭할수록 거짓말처럼 군 생활에 익숙해졌다. 계절마다 다른 옷을 입고 나를 환대해주는 숲 속의 수많은 나무들이 나의 친구이며, 깊은 골짜기를 흐르는 계곡물 소리는 그룹사운드의 귀청을 울리는 드럼소리였으니 날마다 밴드의 구성원이 되어 있었다.

그런 일과 속에서 회목작업을 하고 나서 여물지 않은 어깨에 메고 비틀거리며 산길을 내려왔던 버겁고 힘든 군 생활, 난 그곳을 평생 잊을 수가 없다.

결혼을 하면 아내를 꼭 데리고 와야지 했던 그곳에 들렸다. 오염이 안 된 천연의 자연이 살아 숨쉬는 그곳은 나의 모든 짐을 풀고 그냥 눕고 싶을 정도로 너무나 평온하고 좋았다. 그곳의 군 생활은 힘들고 외로웠지만 그 시절을 의미 있게 보냈기에 어떤 어려움이 닥칠지라도 극복할 수 있도록 한, 군 생활을 잊을 수 없다.

억지로 길이 아닌 길을 선택하여 내가 가는 그 길이 나를 행복하게 이끌고 있으니 소용돌이에서 헤어나오지 못할 때 스스로를 위로해 주고 자기 내면 속의 우울함을 살펴 그것을 극복한다면 자기 자신이 행복해지고 동시에 긍정적이고 따뜻한 시선으로 세상을 바라볼 수 있도록 도와주었다.

거리의 소년에서 미주 상원의원으로

뉴욕 한인교회에 가서 우연히 그를 만나게 되었다.

그는 무에서 유를 창조한 사람이었다. 안 되면 되게 하라는 식으로 인간 밑바닥에서부터 최고 자리의 영예까지를 누렸다. 그는 4세 때 어머니를 일찍 여의고 아버지마저 집을 나갔다. 소도 언덕이 있어야 비비는데 누구의 도움도 없이 서울로 올라와 노숙생활을 했다. 먹을 것이 없어 깡통을 들고 구걸했던 시절을 그는 돌이키고 싶지 않겠지만 그 피나는 고생이 그를 변화시킨 동기였다. 15세가 되던 해 미군 부대에서 하우스보이로 일하기 시작하면서 생활은 조금 나아졌지만, 어머니에 대한 그리움과 외로움으로 밤마다 별을 보며 눈물을 흘렸다. 그러던 어느 날 따뜻한 가슴으로 어린 신호범을 안아준 한 미군 장교가 그를 양아들로 삼으면서 미국에서

제2의 인생이 시작된다. 그는 18세에 워싱턴 주립대학에서 동양역사학 박사학위를 취득해 하와이 대학, 쇼어라인 대학, 메릴랜드 대학에서 교수로 재직했다. 정계에 입문해 현재는 워싱턴 주 상원의원과 상원 부의장을 맡고 있는 재미교포 정치인의 대부였다고 한인교회에서 자신의 험난했던 어린 시절을 회상했다.

과연 그 나이에 불행한 삶을 역전시킬 수 있었던 힘은 무엇인가? 한국과 미국이라는 이중문화(二重文化) 속에서 묵묵히 자신의 정체성을 찾고 꿈을 이루어낸 신호범 씨는 이렇게 말한다.

아일랜드 사람들은 청교도의 정신으로, 독일은 과학문명을 심어주기 위한 속셈으로, 중국은 세계적인 음식의 맛을 소개하기 위해 미국에 발을 디뎠지만, 우리 한국사람들은 미국사회에 교회를 건설하였다. 21세기의 세계는 도덕적으로 황폐하고 퇴락한 사회상이지만 우리 한국은 자랑할 만하다고 말했다.

뉴욕 한인교회 예배시간에 하나님께 감사하며 어려운 역경 속에서도 굴하지 않고 미국의 낯선 땅에서 자리를 확보한 그와 같은 한국인이 존재하는 한 우리 한국은 무궁한 발전이 있으리라 믿는다.

신 의원은 당시 배고팠던 나라, 외로웠던 나라, 사랑을 못 받았던 나라 한국을 떠나 미국으로 가면서 '이제 내가 너를 버리겠다.' 다짐했다고 고백했다.

하지만 언어도 문화도 다른 미국에서의 생활은 녹록하지 않았다.

학교에 입학하기 위해 수소문을 해봤지만 초등학교도 졸업하지 않은 19세 신호범 씨를 받아주는 학교는 없었다. 그럼에도 그는 좌절하지 않았고 하루 3시간 이상은 자지 않고 공부한 끝에 대학 입학 검정고시를 1년 4개월 만에 통과했다.

신 의원은 당시를 돌아보며 의미있는 일화를 소개했다. "'Impossible'. 불가능이라는 말이 너무 싫어 하루는 사전을 찢었다. 그리고 얼마 뒤 다시 붙이려 보니 Im 다음 부분이 찢겨 있었다. 불가능이라는 의미의 Impossible이 '나는 가능하다.'라는 I'm possible로 다시 보이기 시작했다."라고 말하는 그는 이후의 삶에서도 불가능해 보였던 일들을 극복해낸다.

신 의원은 군 시절 백인만이 들어갈 수 있었던 식당에 들어가 쫓겨난 경험을 소개하며 정치인이 되어 인종차별에 대한 법을 바꾸겠다는 결심이 정계 입문의 계기가 되었음을 밝혔다. 그가 처음 하원의원에 출마한 워싱턴 주는 백인이 90% 이상 거주하는 공화당 지지 지역이었다. 동양인의 신분으로 민주당 소속이라는 불리한 여건 속에서 하루 평균 11시간씩 걸으며 2만 9천여 유권자의 집을 직접 찾아다녔다. 운동화 4켤레가 닳아 없어질 만큼 열심히 뛴 결과 신호범 의원은 공화당 우세 지역에서 26년 만에 민주당 후보가 당선되는 이변의 주인공이 되었다. 이런 놀라운 성공신화는 일찍 일어난 새가 먹이를 많이 찾는다는 교훈을 다시 되새겨 주었다.

젊은 시절 자신을 버리고 떠난 친아버지와 조국에 대한 원망도 있었지만 오히려 악조건이 자기를 강하게 키웠다고 생각하고 아버지와 한국을 용서하고 사랑한다고 했다.

"1955년에 미국 땅에 와서 살아내야 했던 한민족에게 하나님이 주신 선물은 첫째 능력(ability)이다. 한국 학생은 두뇌가 명석하여 암기보다는 창의적으로 생각하는 사고가 중요한데 이러한 점에서 한국학생들은 뛰어난 것 같다.

마이크로 소프트 회장 빌 게이츠도 창의적인 사고를 바탕으로 혁신적인 업적을 이루어내고 있다. 그는 미국 워싱턴 주 시애틀에서 태어나 어렸을 때부터 컴퓨터 프로그램을 만드는 것을 좋아하였다. 그는 하버드 대학교에 입학하였으나 중퇴하고, 폴 앨런과 함께 마이크로소프트사를 공동으로 창업했다.

이러한 빌 게이츠는 사회공헌정신도 뛰어나 재산의 95%를 사회에 환원한다고 하였다.

둘째는 사업(Business)이다.

돈을 벌게 해주었다. 유태인도 고생했다. 자녀교육과 동시에 모국을 사랑하는 조국애를 심어주었다. 세월이 흐른 후 영등포 방직 공장에서 일하는 아버지를 하꼬방에서 이복동생 5명과 만났다. 원망과 미움으로 세월을 보내는 것은 인생에 아무런 도움이 되지 않았다. 사랑으로 감싸안을 때 희망의 종소리는 귓가에 가깝게 들려온다.

4 · 16 총기사건에 대해서는 미국의 교포를 대신하여 사과한다. 그리고 한국의 교민을 대표해서 이렇게 울면서 사과를 드린다. 이 사회는 변하고 있다. 교민1세는 민족주의였지만 2세는 개인주의이다.

나는 자랑스러운 한국인이다. 왜냐하면 이주문화를 통해서 자기자신을 발견했으니 말이다. 미국에 와서 'Who are you?' 하면 이민 1세와 2세, 3세가 각각 다른 답을 하고 있다.

한국의 아들딸에게 정치인으로 후원하고 싶다. Empowerment. 한국 출신 미국 대통령후보가 나올 것이며 신앙은 믿음과 소망, 사랑을 실천하는 참 신앙인의 자세로 임하고 싶다.

나의 아버지는 나에게 생의 용기를 심어주셨으며 나를 인정해주신 분이다. 미국은 나의 아버지 나라이며, 한국은 나의 어머니 나라이다."

한국 사람은 배고픔은 참지만, 배 아픔은 참을 수 없다고 말한다. 그는 소수민족의 미국에서 세계의 무대로 그리고 이 지구상에서 가장 으뜸가는 신호범이 될 것이다. 그러므로 우리 젊은이들도 야망을 가지고 꿈을 이루기 위해 노력한다면 후세에 세계를 움직일 한국인이 될 것이다. 그의 교훈을 가슴에 새겨 이 땅의 젊은이들한테 전해주고 싶은 메시지이기에 간추려보았다.

우울한 대통령 선거

요즘 나는, 이런 일을 하기 위해 공직의 길을 택한 건 아니라고 갈등하는 물음표 때문에 맘이 무겁다. 해방 이후 공직사회 특히 일선행정의 선거관련 행태의 전통, 폐습, 시장군수를 정점으로 한 자기 위치 확보를 위해 어떤 압력에 휘말려서는 안 되는데…. 다른 공직은 정치에 중립이지만 군과 일선 내무행정기관은 유독 친여세력으로서 노골적으로 선거활동을 해야 함은 어쩔 수 없는 현실이다.

공직 내의 친여세력과 나란히 뛸 수 없다. 뿐만 아니라 내 자신의 정치적 입장을 표출하기는 더더욱 할 수 없다. 다만 나는 대한민국의 중견 공무원으로서 정치적인 면에 남의 비밀을 들었어도 절대 다른 이한테 전하지 않으며 해서는 안 될 말은 가려서 함부로 하지 않고, 상대방의 허물을 눈감아주는 피동인이 될 뿐이다.

是非終日有(시비종일유)라도 不聽自然無(불청자연무)라.

시비가 하루 종일 있더라도, 듣지 않으면 저절로 없어진다. (『명심보감』, 성심편)

안타깝다. 한심하다. 슬프다.

민주화가 무엇인지, 민주를 위해 치러야 하는 대가가 이처럼 엄청날 수밖에 없는 것인지. 오늘 4인의 대권주자들은 격돌할 것이다. 어제의 적대관계가 친우로서 의견을 듣고, 어제의 벗이 오늘의 원한 관계로 바뀌는 정치 현실 속에서 어떤 도덕적 정치인을 찾으란 말인가? 그들은 12 · 12사태 및 5 · 18 광주 항쟁의 직간접적 도덕적 책임을 면키 어렵다. JP는 무슨 염치로 과거 유신에 앞장섰으며, 독재정권의 하수인으로 중정부장 및 국무총리를 지낸 자가 무슨 염치로 국민적 심판을 받겠다고 하는가? 민주사회로 가기 위한 직접적인 대통령 선거의 의미를 왜곡, 축소시키고 있는 것이라고 밖에 할 수 없다. 공화당 정권에 희생과 피해를 당한 무고한 사람에 대한 사과 한 마디 없이, 유신헌법에 대한 잘못의 해명 한 마디 없이 외국으로 떠돌다가 돌아와서 이제 국민으로부터 몇 %의 지지 신임을 얻어 무엇을 어쩌겠다는 건지 알 수가 없다.

정치의 최고 목표는 집권이다. YS씨는 수십 년간 야당의 길을 걸었고, 집권을 자신하지만 단일화하지 못한 민족적 책임은 DJ, YS

모두 면키 어렵다. 여당의 활동능력을 과소 판단하고 끝내는 분열하여 국민적 실망을 안겨준 인물들임에 틀림없다.

과거 정부(JP나 구 공화당 세력 박○○를 비롯하여)의 피해자인 DJ도 JP를 인정하고 같이 친여세력을 공략하자고 협의하는 것을 보면서 대통령이 되기 위해서는 도덕적 가치는 무의미할 뿐인가 싶다.

참언론의 태동을 바라는 마음으로

— 한겨레 주주가 되던 날

'87년 대선 시 활동자금 100만 원 중, 과 직원 회식 2회, 담당 면사무소 투표책(군 직원) 회식 2회, 마을 순회, 가정방문 일부 생활비 지원(20만 원 정도) 등으로 50만 원을 사용하고 그 중 10만 원을 이 땅의 민주화와 공직사회의 민주 풍토의 조속한 조성을 위해 한겨레신문 창간 설립기금으로 1987. 12. 15 국민은행 정주지점에 납부하였고, 나머지 40만 원을 1988. 1. 27 국민은행 정주지점에 한겨레신문 설립 기금으로 재납부하여 총 50만 원을 납부하였다.

이런 돈 50만 원이면 집사람 기분 좋게 원하는 옷가지나 가전제품을 사줄까도 생각했고, 또 겨울 동안 땔 연탄 200~300장, 쌀도 80킬로그램을 사고 싶었지만 이 비민주적인 돈으로 그렇게 사용해서야 되겠는가. 두 눈을 딱 감고 한겨레신문 기금으로 떳떳하게 기부하고 싶어서, 어쩔 수 없는 말초 신경적 유혹을 떨쳐버렸다. 이 50만 원이 공직사회 민주화와 이 사회의 정의를 위해 소용된다면 그 이상 기쁨은 없으리라.

이 적은 자본들이 모여 좀더 유능한 기자들을 뽑아서 신문의 요건을 갖춘 양질의 제대로 된 신문을 읽고 싶은 것이 우리 국민의 간절한 바람일 것이다.

생각만 해도 가슴이 벅차오른다.

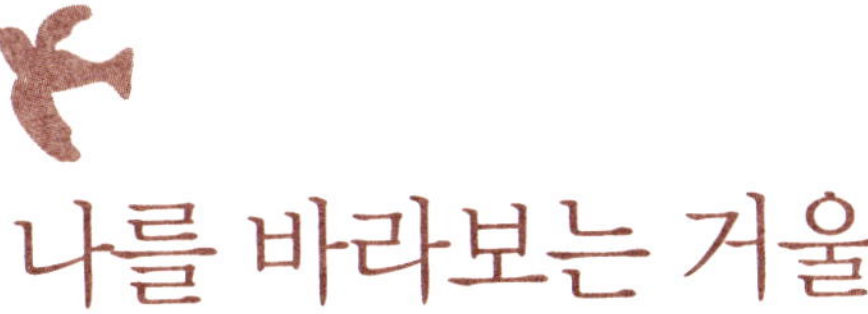

나를 바라보는 거울

1987년 시월의 마지막 밤이다.

날마다 땅만 쳐다보고 걷다보니 깊은 수심에 놀라 낙엽도 숨죽이며 한쪽으로 누워있는 모습들이 나의 모습 같다. 모처럼 하늘을 올려다보니 붉게 물든 단풍잎들이 피식 웃어 보인다.

행복한 시간들이 기억이 안 난다.

시울시의 전체 인구가 945만 명이라 가정하면 일천만 분의 일인나. 웅크리며 버스를 기다리는 저 많은 분자들, 그들이 기다리는 것은 버스가 아닌, 포근한 가정이겠지. 가정이란 겉보기엔 모두가 선물상자같이 보인다. 그저 편안히 쉴 수 있는 곳, 안식처이다. 오늘따라 버스 창밖에 보이는 사람들 모두 애정결핍 환자들처럼 느껴지며 그들의 아우성 소리가 자꾸만 들리는 것 같다.

그래 나는 누구인가?

거울 속의 한 사람이 나를 노려본다.

거울은 먼저 웃지 않는다. 내가 거울을 보고 웃어주면 거울도 웃는다.

이렇게 하얀 백지 위에 나를 그려보는 시간들이 소리 없이 찬 기운으로 빠져나가고 있다.

나의 모습 그대로

시비가 종일토록 있을지라도 듣지 않으면 저절로 없어진다는 말을 생각하며, 묵묵히 공인으로서 하여야 할, 수많은 일들을 찾다보면, 남의 소소한 소리가 귀에 들리지 않는 법이다. 무엇에 내가 심려를 두겠는가?

오직 이 나라의 존속이요, 이 민중의 아름다운 생활이며 깨끗한 역시이기에 내 귀는 옳은 소리를 감지할 줄 알아야한다.

나를 찾자!

다시 돌아오자. 나의 본 모습으로. 나는 왜 나 자신을 남에게 보여주는 작업을 주저하는가?

있는 그대로 가면을 벗고 본 모습 그대로 보여주자.

사람이 가면을 쓰면 극과 극으로 변할 개연성이 있는 것이다.

사람은 모두다 잘못을 할 수도 있고 고민과 약점도 있다. 속을 깊이 파헤쳐 보여주면 신뢰 관계가 형성되면서 서로가 솔직한 모습을 보게 된다. 하지만 겉모습만 보고 사람을 판단하는 것은 위험한 일이다.

나 자신은 너무 솔직하기에 일부러 잘 보일 필요를 느끼지 않고 있는 그대로 보여주다 보면 성급한 사람들은 나의 내면을 통찰하지 못하고 겨우 외면만 보고 다 봤다는 식으로 결론을 내리는 오해도 있다.

알밤은 밤송이의 수많은 가시가 감싸듯이 알밤을 보호한다. 게으른 사람들은 가시 속의 예쁜 밤알을 꺼내보지 못하고, 가시가 많아 밤은 싫다고 단정지어버린다.

이 작은 육신은 얼마 만큼의 값어치를 하고 공직을 떠나게 될까? 심히 염려가 된다. 하지만 전심을 다해 일하고 공명하고, 투명한 행정을 펼치리라. 비록 편히 잠을 잘 수 없는 공무에 시달릴지라도 우리 공직 사회에 한 줄의 굵은 획을 긋는 순간을 떠올리며 그 뜻에 부합하리라. 이 불타는 젊음의 각오로 오늘도 내일도 공직을 떠나는 그 날까지 임하겠다.

나는 서기관이나 이사관, 아니면 그 이상의 차관, 장관이나 바라면서 사는 사람은 결코 아니다. 내가 그 무엇을 하든 그 위치나 직위가 절대 중요하지 않으며 옳고 바른 일에 대하여 올곧게 용기 있게 행하며 낮은 곳에서 그리고 어두운 곳에서 따뜻한 말벗이 필요한 이들을 위해 삶을 영위하겠다.

나를 낳아주고 피땀으로 길러주신 어머님을 생각하며 오늘도 나는 잘못 살지 않았는지 반성해야 한다. 나를 보고 일반인들이 그의 어머니는 누구시기에 이런 아들을 두었을까 참 행복하겠단 그 말을 듣게 해드리고 싶다.

군수라도 한 번 해야지

부처 간의 교류를 통해 전매청의 생활에서 내무부소속으로 옮기게 되었다. 정읍군 농산과장과의 맞교체로 광주에서의 생활을 정리하고 정읍과 인연을 맺게 되었다.

아버지의 고향에 이르니 해바라기가 밤을 환히 밝혀주고 있었다. 고향 땅을 밟으니 "하다 못해 군수라도 한 번 해야지."하시던 말씀이 귓전에 생생하다.

아버지는 칼바람처럼 무서워 같이 앉아 있으면 잘못을 저지르지 않았음에도 오금이 저리곤 했다. 늘 썰물 빠지는 것 같은 적막함을 주었지만 욕심부리지 않고 자식들만은 올곧게 성장시킨 아주 멋진 분이셨다.

아버지 고향에서 일하면서는 "아버님! 주어진 자리에서 民을 위한 길을 걸어가겠습니다. 지나친 욕심, 개인적 사욕은 물론 주변의 동료, 직원, 주민들을 괴롭히거나 피해를 입히는 일은 하지 않겠습니다."라는 다짐을 수없이 했다.

연극의 연출자는 무대 위에 오르는 법은 없으나 자신이 만들어 놓은 작품에 울고 웃는 관객들을 보면서 연출자만이 느끼는 희열은 그 누구도 가늠할 수 없을 것이다.

아버지의 묘소에서 뜨거운 눈물이 자꾸만 흘러 내렸다. 비록 많은 추억은 아닐지라도 깊은 가르침을 주고 가신 분, 그분이 내 아버지시다. 요즘 들어 아버지의 산소를 찾는 발걸음이 부쩍 잦아졌다. 아버지 곁으로 오니 어쩐지 마음이 든든하고 뿌듯하다. 아버지를 뵙고 돌아오는 날이면 허전했던 가슴이 채워지고 어렵고 답답한 일이 산처럼 나를 가로막아도 알 수 없는 힘이 솟아난다.

"저 혼자 잘 먹고 잘 사는 것은 남자가 할 일이 아니다." 라고 하셨다. 다른 추억은 모두 겨울 풀처럼 바싹 말라 버렸지만 그 말씀은 잊지 않고 오로지 民을 위해 봉사하는 마음으로 전심을 다해 일하련다.

정들었던 광주. 3백여 명의 직원, 기계소음, 담배 먼지 그리고 캄캄한 6백억 원어치의 담배 원료창고와 방 2개짜리 기름 난방 허름한 양산동의 관사 아파트. 이 모든 것을 2년 6개월이라는 짧지 않은 빛바랜 세월 동안 얻은 것은 무엇이며 나에게서 멀어진 것들은 무엇일까?

새로운 인생을 시작하는 결혼과, 아버님의 운명, 아들의 탄생, 外遊 등의 일들이 수많은 별들과 같이 내 머릿속을 비행한다.

내 등에 짐이 없었다면 나는 세상을 바로 걷지 못했을 것이다. 내 등에 올려진 조그마한 짐 때문에 늘 조심하면서 급하게 서두르지 않고 남 보기엔 실하게 보였지만 나의 속은 삭아빠진 삼베수건으로 살아왔다. 한참을 뒤도 안 보고 앞만 바라보고 가다보니 내 등의 짐은 나를 바르게 살도록 한 귀한 선물이었다. 내 등에 짐이 없었다면 나는 고삐 풀린 망아지처럼 세상 물정을 모르고 뛰었을 것이다.

장준하의 『돌베개』를 읽고

민족의 작가 장준하.

그가 일본군을 탈출하여 임시정부를 만나기까지 뜨거운 항일기록의 대장정을 담은 『돌 베개』를 읽는 순간부터 민족주의자 장준하 선생의 정신세계가 나를 사로잡았다.

장준하는 일본군에 징집되었으나 탈출하여 독립군에 가담하여 항일투쟁에 앞장서신 분이다. 대한민국임시정부 시절, 그는 김구를 중심으로 한 임시정부 요원 중 한 명으로 고국에 발을 내딛고 고국에서 김구 선생을 보좌하게 된다. 박정희의 군사쿠데타가 일어나자 선생은 언론활동을 통해서 쿠데타를 비판하는 데 앞장섰다.

또한 한일굴욕협상이라고 한일협상을 맹렬히 비판하고 민족적 자존심을 저버린 행위라고 주장하며 전국적인 반대투쟁에 앞장섰다. 그는 구속되고 한 달 만에 석방되었으나 1967년 신민당에 입당하면서 정치에 입문하여 박정희의 군사정권에 반발하던 그는 등산을 하던 도중 57세의 나이에 의문의 추락사를 했다. 붓을 꺾고 거리에 나가 반독재 민주화 투쟁의 선봉에서 독재 정권에 맞서 싸우던 민족의 큰 등불 중 하나가 꺼진 것이다.

그의 죽음을 둘러싸고 많은 의견들이 있다. 하지만 중요한 것은 그가 죽기까지 이루어낸 많은 업적들이다. 탈영 도중 굶주리고, 심한 갈증에 상한 물을 마시기도 하는 등 수많은 어려움을 겪었지만 운 좋게도 그는 중국의 진영 하에 들어가게 되는 일도 있었다.

이 책을 읽다보면 자신도 모르게 한없이 빨려드는데 전체적인 내용은 장준하가 일본군 학도병으로 끌려갔다가 탈출, 광복과 함께 이 땅에 돌아오기까지의 내용이다. 그는 가족보다도 조국을 더 소중히 여기는 사나이 중의 사나이였다. 오직 조국을 위해서 살았다. 의지가 굳고 심지가 곧아 많은 사람의 존중을 받았지만 결코 자만하지 않았다. 그는 많은 사람들에게 굳은 신념을 심어 주고 오로지 국가에 대한 일로 나날을 투신했다. 나라를 잃은 슬픔과 임시정부의 파벌싸움을 통하여 느껴야 했던 실망과 분노를 잘 그려내고 있다.

지금 우리는 장준하님의 애국애족의 정신과 그의 행적을 이해하며 그의 의지와 신념대로 목숨을 내놓을 수 있을지 의문이다.

이 사회는 옳은 이야기를 하는 사람은 대접을 받지 못한다. 그래서 그는 항상 외롭고 고독 했다. 행복한 일보다는 복잡한 일에 관심이 더 많았던 그를 보수적인 분이라는 점에서 존경하고 싶다.

논어를 보면 '衆惡之必察焉, 衆好之必察焉(중오지필찰언, 중호지필찰언)' 란 말이 있다.

> 여러 사람들이 다 미워하더라도 반드시 살펴보아야 하며,
> 여러 사람들이 다 좋아하더라도 반드시 살펴보아야 한다.
> 많은 사람들이 미워하고 있어도, 선입견을 버리고 자기 자신이 확인해야 하며,
> 많은 사람들이 다 좋아하더라도 또한 자기 자신이 반드시 확인해야 한다.

세상의 평가만으로 인물을 평가하고 판단해서는 안 된다.

지금은 격변시기이며 경제위기로 혼란시기이다. 우리는 이런 지도자가 나라가 어려울 때마다 많이 생각나기에 이 책을 읽으면서 그분에 대한 업적에 많은 관심과 사랑과 존경을 보내고 싶다.

그는 마땅히 존경받아야 한다. 당당한 풍모, 탁월한 식견, 사람의 마음을 움직이는 아니 산을 움직이는 강한 호소력의 웅변 능력을

가졌다. 그는, 민족과 민주주의를 위해 전 생애를 바친 운동가였고, 순교자적인 희생정신으로 굴곡의 역사에 온몸을 투신한 청빈한 정치가였다. 풍찬노숙의 삶을 마다하지 않고 민족과 조국을 위해 '돌베개' 를 기꺼이 베고자 했던 장준하의 일생이 눈물겹기만 하다.

산에 올라 하늘을 이불삼아 돌베개를 베고 흘러가는 구름을 보며 인생을 꿈꾸어 본 사람은 안다. 돌베개는 우리에게 아픔을 주지만 긴 시간이 지나면 그에 익숙해진다. 푹신거리는 햇솜으로 만든 솜베개에 비해 얼마나 단단하고 차가운가?

마음 밭에 물주기

어느덧 한 해가 또 이렇게 저물어갑니다.

계획을 세워 치밀하게 살아왔지만, 아쉬움과 회한만 남습니다. 지나온 삶을 뒤돌아볼 때 만족한 웃음지을 수 있는 사람은 어떤 사람일까. 나도 그런 몇 안 되는 사람 중 한 사람이 되고 싶다는 욕심을 부려봅니다.

지나간 한 해 동안 비보처럼 주변을 살피지 않고 살아온 것은 아닌가. 너무 앞만 보며 숨가쁘게 달려온 것은 아닌가. 다양한 형태와 빛깔의 아쉬움들이 밀려오고 허무함과 슬픔으로 가슴속에 회한만 가득합니다. 아직도 웃자란 허상들로 가득한 욕망을 버리고 비우고 살아야겠다는 다짐을 하며 질주하였지만 버린 것은 하나도 없으니, 새로운 다짐으로 위안하는 수밖에요.

인생은 수많은 인연으로 엮어집니다. 덤으로 평생토록 맘을 나눌 수 있는 벗을 얻기도 하고, 때론 철저하게 홀로 고독 속에 놓이기도 합니다. 그러나 누구나 이 세상에 온 이유는 있을 것입니다. 내가 이 땅에 놓이게 된 이유를 파악하기 위해 노력해야 하며, 그 이유와 목적대로 살기 위해 노력해야 하는 것이 인생일 것입니다.

누구에게나 단 한 번뿐인 삶입니다. 조물주로부터, 부모로부터 생명을 얻은 우리는 그 생명부여의 의미에 부합한 삶을 살아야 합니다. 다가오는 2010년의 삶의 길을 올바르게 살 수 있도록 기도합니다. 우리들 만남의 역사가 초라하지 않고 유구하게 흐를 수 있도록 지난날의 모든 허물을 용서하고 포용하고 올바르게 인도해주셨으면 합니다.

새해에는 더 큰 포부를 가지고 용서하고 배려하는 가운데 마음의 안식처를 찾고 싶습니다. 볼품없이 훼손되어 가는 장승처럼 중년의 나이에서 무력감을 떨치고 우뚝 서고 싶습니다. 이웃을 사랑하며 봉사하는, 정신이 건강한 공직자로서, 저를 기억하는 모든 이들의 친구로 살고 싶습니다.

날마다 용서와 배려를 기억하며 누군가의 손을 잡기 위해 내 손이 항상 빈손이기를 희망합니다.

(2009. 12월 어느 날)

마지막 잎새

국민의정부 마지막 월례회의가 이른 여덟 시에 청와대 비서실에서 시작되었다.

박지원 실장이 현 정부 비서실의 마지막 월례회의를 주재하면서 '마지막 잎새론'을 제기했다. 박 실장은 "나뭇잎은 낙엽이 되기 전 단풍이 들지만, 단풍은 아름다운 색깔로 국민을 기쁘게 한다고 강조했다. 이어서 우리의 단풍은 이미 아름답게 물들어 국민에게 보여졌으며, 이제 21일 남은 마지막 잎새들은 낙엽이 돼 노무현 정부의 밑거름이 되는 역할을 하게 될" 거라고 강조했다. 박 실장의 그 말은 동석한 많은 공직자들을 감동시켰다.

박 실장은 "여러 감회가 있을 수밖에 없는 마지막 조회인 만큼 우리는 이 조회를 통해 승자와 패자의 자세를 알아야한다."고 설명을 하였다. 승자는 눈이 쌓이면 길을 만들어 걸어 나가고, 패자는 눈이 쌓이면 눈이 녹기를 기다린다고 한다. 남은 임기 동안 현 정부가 유종의 미를 거들 수 있도록 눈을 치우며 걸어 나가자고 거듭 당부했다.

"우리는 대통령이 성공해야 국가가 망하지 않는다는 명제 속에 열심히 해왔다. 그 결과 F학점에서 A학점으로 외환보유 39억$에서 1,230억$로, 남북화해의 민주인권국가, 생산적 복지의 기반 등을 마련했다. 우리는 성공한 정권이다. 이제 모든 것을 노무현 당선자와 인수위에 인계해주어야 한다."

국민의 정부를 마치는 이 순간. 나의 머리속엔 최선을 다한 청와대 근무 시절이 아름다운 기억으로 남을 것이다.

(2002. 2)

전주월드컵경기장의 첫 삽을 뜨며

얼마나 기다린 날인가? 우리들이 기다린 만큼 강추위도 함께 찾아왔다.

1999년 2월 2일 오후 2시에 우리는 감격의 날을 맞이하기 위해 전주 특산품인 장미 2002송이를 준비하여 눈물겨운 기공식을 시작하였다. 모든 사람들은 흥겨워 잔칫날 같은 분위기로 흥분된 상태지만 나는 정신이 멍했다. 그동안 고생했던 모든 일들이 주마등처럼 스쳐지나간다.

기존 경기장에 할 것인지 아니면 대형프로젝트로 신축을 할 것인지 많은 논쟁 중에 우리는 도민들의 의견수렴 결과를 토대로 당시 시장의 결단으로 어려운 기공식을 하게 되었다.

박세직 2002월드컵공동조직위원장과 정몽준 대한축구협회회장을 모시고 역사적인 기공식이 열리는 순간 얼마나 춥던지 예상치 않은 사태가 발생하였다. 꽁꽁 얼어붙어 폭죽이 제대로 작동을 하지 않아 수많은 관중들 앞에서 마음을 졸이며 가슴을 태웠던 일. 급기야 해결책으로 온기를 더하기 위해 드럼통을 개조하여 임시 난로를 제작하여 임시방편을 모면했던 일. 그리고 역사적인 행사의 사회를 친구인 KBS 박준열 아나운서가 진행하게 되었던 일들….

혹독한 추위에 대비를 꼼꼼히 했는데도 여러 가지 문제가 꼬리에 꼬리를 물고 일어났다. 2천 명이 넘게 참석한 경기장에서 전주시 관계자와 많은 분들의 감격 어린 그 현장은 우리 기억에서는 사라질 수 없는 순간이다.

전주월드컵경기장은 전주시 반월동에 위치하며 총 좌석은 42,477이며, 일반석은 39,931석, 본부석은 2,206석, 장애인석 340석으로 구성 되었다.

드디어 우리들의 축제는 끝났다. 월드컵경기장이 준공되고 2002년 성대하게 경기도 치러졌지만 2005년 어느 날인가 슬픈 소식이 들려왔다. 그날 사회를 본 박준열 아나운서의 급작스런 교통사고로 말미암아 친구를 아주 멀리 보냈다.

오늘도 월드컵 경기장을 지나면서 아이러니한 광경이 나를 혼란스럽게 만든다.

하필 내가 아끼고 사랑했던 온화한 성품에 진실했던 한 친구가 이렇게 서둘러 가야만 했는지.

일 속에 빠진 남자

새벽 다섯 시 반부터 밤 열한 시 반까지 업무에 시달리는 생활이 계속된 지 20여 일이다. 토요일, 일요일을 반납하고 정신적인 버티기 작전에는 성공했지만 날이 갈수록 물에 젖은 솜처럼 무거워지는 몸은 어쩔 수가 없었다.

일 속에 푹 빠진 내가 자랑스럽다. 열기와 열정으로 빨갛게 달아오른 무대의 주인공은 나다. 아무리 고통스럽고 참지 못할 육체적인 피로쯤이야 훗날 극복하고 보충될 수 있지만 밤마다 겪는 또 하나의 정신적인 갈등은 너무나 힘겹다.

이럴 때 경희가 옆에 있기만 하여도 좋을 텐데…. 무척 보고 싶다. 이런 악조건을 값진 경험으로 알고 이 시련기를 넘어서자.

1998년 9월부터 '99년 12월 24일까지 전주시 문화영상산업국장으로 재임하던 시절 그 직책에 따른 업무는 너무나 많아 달디 단 잠을 자보는 게 꿈이었다.

기존 문화관광국, 지역경제국, 월드컵추진단, 공공근로추진단으로서 방대한 업무를 맡아야 했기에 내 평생 공직에 몸담고 있는 동안 매일 모든 에너지를 아낌없이 쏟아 부어 원 없이 일을 사랑했던 추억의 시절이었다.

오전 일과를 마치고나면, 오후에는 눈을 제대로 뜰 수가 없었다. 눈이 뻑뻑해지고 모래가 박힌 것처럼 따갑고 각막이 건조해지기 시작하여 불편이 이만저만이 아니었다. 눈을 잠시라도 쉬어가며 일을 해야 하는데 눈 깜빡임의 횟수가 적어질 정도로 일에 빠져 열정을 바쳐 일한 결과이다.

왜 이럴까? 걱정이 되어 세면장에 자주 들락거리며 눈을 씻어주면 조금 나아지다가 일만 하면 또 다시 눈이 뻑뻑해지고 눈을 뜰 수가 없었다. 견디다 못해 대학병원으로, 시내 안과 전문병원으로 곳곳을 찾아다녔다. 마침 어느 한 병원에서 처방해준 약으로 치료하니 한결 나아지기 시작하였다. 그 병명은 탈진으로 인한 안구건조증이라고 했다.

정말로 이러한 업무스트레스와 과로로 이 젊은 나이에도 이런 증상이 오는 것이라 생각하니 눈은 건강할 때 쉬면서 보호해 주고 혹사 시키지 말아야 할 것임을 알게 되었다. 눈에는 휴식과 운동이 보약이다. 눈에 시그널이 오면 지체 없이 쉬어주라는 신호인데 이를 어기면 이렇게 벌을 받게 된다.

전주,
그리고 내가 태어난 고향 익산

전주의 과거를 돌아보며 우리는 배워야 한다.

전북발전은 전주, 익산, 군산 등이 함께 균형 있는 발전을 해야 함에도 불구하고 혁신도시 문제, 호남고속철도 문제 등을 지켜보면 안타까운 일이 많다. 지역 이기주의와 정치적 의도를 극복하여 진정 전북의 미래 발전을 위해 향후 30년 아니 300년을 내다보는 현명한 결정을 해야 한다. 후손들이 편리하고 경쟁력 있는 생활을 하기 위해서는 이러한 정책들이 모두가 상상하는 데 문제점은 없는지 심각하게 검토해야 한다.

그동안 익산의 많은 선배들이 4~50년 전에 익산 발전에 대한 고민과 문제점들을 목소리 높인 이유를 귀담아 들을 필요가 있다.

예를 들면 1951년 국립 전북대학교가 종합대학으로 설립인가 되면서 전주의 문리과대학, 법과대학, 이리의 농과대학, 공과대학, 군산의 상과대학을 묶어 흡수한 인위적인 통합문제, 그리고 전북도청 이전문제, 익산에 있던 CBS, KBS 방송국의 전주이전 문제, KTX역사 이전문제(2004~2006) 등은 전주, 익산의 상생보다는 어느 한 지역의 발전을 위해 또한 다른 지역의 피해는 없었는지 생각해 볼 문제이다.

전북의 도청 소재지가 있는 전주가 지난 3~40년 동안 교통의 오지로 전락하면서, 전북 전체가 낙후되었음은 자타가 인정하는 현실이다.

100년 철도역사와 함께한 익산시는 호남선, 전라선, 군산선, 장항선 철도 등 사통팔달의 교통도시로서 인근 도시와의 연계성이 매우 뛰어나 교통물류 거점도시 역할을 충분히 수행할 수 있는 최적지임은 익히 알고 있다.

최근 새만금 간척사업을 두고 벌어지는 분열, 갈등을 타산지석으로 삼아서 익산시가 추진하고 있는 현안 사업들에 대해서도 시민들이 보다 적극적인 노력으로 올바른 여론을 조성하고, 익산시는 전통적으로 교통요충지로서 성장해온 만큼 고속철도의 개통으로 인하여 익산시의 교통배분 기능이 점차 강화되고 있는 점을 되살려 철도, 도로, 고속도로 등 허브역할을 담당해주길 바라는 마음이다.

우리는 미래지향적인 정책을 펴내야 한다.

전라북도는 농업과 공업, 산업발달과 아울러 상업도시, 인문, 문화도시로 발전해왔다. 그러나 사회양극화 심화에 따른 사회적 배제의 완화, 취업 취약계층의 지속가능한 일자리 창출, 지역의 재생과 공동체 회복을 위한 독보적인 새로운 출항을 기다리며 작은 힘이지만 설레는 첫 항해를 지켜봐야 할 것이다.

많이 지치고 힘들게 살았던 우리 전북도민이기에 우리가 가야하는 길이 어디인지 지친 몸 다시 일으켜 세우고, 물집 생긴 마음들을 불러 모아 힘찬 함성으로 나아가고자 한다. 내가 할 수 있는 일은 오늘 뿐이다. 내일은 그 누구도 장담 못할 날이려니.

나의 어둠으로 빛이 되리

우리네 인생 중에 어찌 모든 게 좋은 일만 있고 내 뜻대로만 되는 일만 있으련만 돌이켜보니 30년 공직 생활 중 가장 아쉬움으로 남는 일이 있다.

정말 나의 모든 것 다 바쳐 왕성하게 일했던 시 국장 시절의 일이다. 그때는 시간도, 가족도, 취미생활도 모든 게 멈춰버린 채 오직 일에만 매달려 살고 싶을 정도로 열심히 일했다.

그러던 때 연말 인사에서 부당한 인사원칙에 나의 소신을 피력했고 웃어른께 속마음을 전하고 싶었었다. 오전의 인사는 국장 유임이다는 소식이 이미 언론에 다 발표된 상황에서 오후에 나도 모르는 새 사업소장으로 발령이 났다. 본인도 전혀 모르는 상황에 하루에 국장급 인사를 두 번 한 셈이다. 단 한 가지 이유는 항의에 대한

응징이었다.

지금도 생각하면 너무 마음이 아프다.

그날 12월 24일 크리스마스 전날 오전 일로 마음은 상해 있었지만 집사람과 교회에 있던 중, 당시 초등학교 다니던 딸이 "TV 뉴스에 아빠 이름이 자꾸 나오는데 아빠가 발령 난 것 같다."고 했다. "아니. 아빠는 일하던 국장자리에 그대로 있는 거야." 아무것도 모른 채 어린 딸이 하는 말을 듣고 언론사에 전화를 해 보았더니 언론에서도 난리가 나 있었다. 내가 어느 자리에 머물러야겠다는 원칙은 없지만 나보다도 주변에서 있을 수 없는 일이라며 많은 사람들이 분개 했다.

그날 밤 아내와 난 서로 아무 말도 하지 않았지만, 밤새 한숨도 자지 못했다. 큰일을 해야 할 분이 이런 식으로 밖엔 대응하지 못했을까 하는 생각으로. 마음이 상했다면 혼을 내던지. 나중에 다독거려 줄 순 없었을까?

그렇지만 그 일은 훗날 되도록이면 어떤 직원에게든 상처 주지 않아야겠고 인사에 관한 서운함은 언제 어디서나 있지만 정말 마음 아프게 어쩔 수 없는 상황에선 직원들을 불러 위로하고 안타까움을 전할 수 있는 계기가 되었다.

항상 아내는 자리를 옮길 때마다 말하곤 했다.

"당신은 나라의 공복이니 어디든 가라면 가고 오라면 와야죠. 항상 물 흐르듯이 살기로 해요."

하지만 그날 밤 아내는 밤새 뒤척이며 우는 것 같았다. 날 말리지 못했다는 자책감과 항상 바쁜 아빠를 자랑스럽게 생각하던 어린 아이들에게 아빠가 무슨 일이 있는 것을 감추려고 안타까워하던 아내한테 무척 미안하고 고마웠다.

그 당시 아내뿐 아니라 많은 분들이, 특히 사랑하는 친구들이 큰 힘이 되어 주었다. 정말 그렇게도 바쁘고 탈진이 되어 안구건조증까지 걸려 근무하면서 세수를 하고 그 물로 눈을 적시며 일을 했고 행사 시구를 하다 다친 다리 한쪽엔 구두도 신지 못한 채 절뚝거리며, 열정을 바쳐 일하던 문화영상산업국장 자리를 떠나 체육시설 사업소장으로 부임했다.

도청 공보관으로 자리를 옮기기 전 4개월 근무하는 동안 정말 공직생활 중 유일하게 시간적 여유를 가진 날들이었다. 그 넓은 경기장 운동장을 뛰어 보기도 했고 창밖으로 바깥세상을 내다보며 내 자신을 다스릴 수 있는 시간을 가졌었다. 짧은 근무시간 동안이었지만 직원들과도 정이 많이 들었고 특히 떠나올 때 청소하는 아주머니께서 그동안 고맙고 서운하다며 건네주시던 동동주를 잊을 수 없었다.

또한 도의 요청으로 시를 떠나기 전 2월3일 결혼기념일 캄캄한 저녁에 종합경기장(본부석)에서 마음고생 많이 한 아내에게 작은 이벤트를 열어 주었던 게 기억난다. 그녀가 좋아하는 꽃과 와인 그리고 지금 생각하면 진심 어린 내 마음을 녹음하여 틀어주고 차 트렁크에 오색풍선을 준비해서 아내를 깜짝 놀라게 해 주었었다.

"만남은 순간이지만 인연은 영원하다."며 아내를 꼬옥 안아 주었다. 그날 같이 해 준 후배와 선배님들은 우리 부부의 마음을 알기에 케이크를 준비해주고 끝까지 자리를 같이 하며 축하해 주었다. 정말 너무도 힘든 시기에 내 마음을 다스릴 수 있게 날 지켜주고 많은 위로를 해 준 아내에게 너무도 고마웠다.

정부미와 목민관

공직생활 30년.

국가와 정부의 돈으로만 살았으니, 난 누가 뭐래도 정부미 신분이다. 한때는 이렇게 사는 것이 원하던 길이 아닌 것 같아 공직을 떠나고 싶었다. 젊은 피가 내 몸 안에 흐르고 있는데 공직내부의 비민주적인 행태를 보면서 내가 생각했던 그런 곳이 아니다 싶어 당장 옷을 벗고 싶었다.

민주화를 위해서 이 몸을 불사르겠다고 했던 내가 그걸 두 눈으로 똑 바로 보면서 안 본 척 하려니 죽음보다도 더 힘들었다.

내가 원하는 길이 아니므로 미련 없이 사표를 내고 촌부가 되어 단 하루라도 인간답게 살고 싶었는데, 참고 살자니 하루가 만년 같았다.

당시 상황으론 영남과 호남지역의 감정이 극심하여 두 지역의 감정타파를 위하여 인사 관계가 원활하지 못하여 더 이상 공직에 머물러 있을 이유가 없었다.

나는 이미 홀몸이 아니었다. 집사람과 장인어른이 수없이 만류하고 설득하여 어쩔 수 없이 공직에 복귀하게 되었는데 내가 심히 아파하며 괴로워할 때 내 마음을 다스리게 해주신 분이 있었다.

다산 정약용 선생의 "視民如傷"(백성 보기를 자신의 상처를 보듯 하라)이었다.

가슴에 담기 위하여 山民께서 친필로 써주신 작품을 사무실에 걸어두고 좌우명처럼 조석으로 쳐다보며 나를 다스렸다. 그의 실용정신을 본받아 나는 공직에 투신할 자세로 변해져가고 있음을 느끼게 되었다.

국가와 국민에게 도움이 되는 다산 정약용 선생의 실용정신이 이 시대에 절실히 필요하다.

한국의 공직사회는 아직도 탁상공론이나 책상에서 결정을 하고 실행은 적게 하는 경우가 많다. 오로지 청렴의 중요성을 인식시키고 공직사회에서의 반부패 · 청렴문화 정착에 기여할 자세로 일하고 싶다.

정약용 선생은 내가 존경하는 인물 중 한 분이기에 그분에 관한 모든 걸 알고 싶었다. 그래서 그의 탄생과 더불어 유배생활까지 알아보았다. 그는 유배지에서 실학을 집대성한 학자이면서 헐벗고 굶주린 이 땅의 백성들과 나라를 사랑했던 사람이었다.

정약용 선생은 1762년 음력 6월 뜨거운 열엿새 날, 경기도 광주 초부면 마재(草阜面 馬峴-지금의 남양주시 조안면 능내리)에서 태어났는데, 어릴 때부터 남달리 문장이 뛰어났다. 그리고 22세에 소과에 급제하여 진사가 되었고, 곧 생원이 되어 태학에 들어가 학문 연구에 몰두하였다.

정약용 선생은 1794년에 경기도 암행어사로 연천지방을 암행하게 되고, 헐벗고 굶주린 채 수탈당하고 있던 농민들의 참상을 보게 되었다. 암행어사를 마치고 돌아온 정약용은 화성축조공사를 시행하면서 거중기와 녹로를 발명하였다. 이어, 그는 1795년에 정3품 당상관 동부승지에 올랐다. 우여곡절 많은 어려움을 겪은 희생자이다. 모든 것을 포기하고 청빈한 유배생활은 우리가 잊어서는 안 된다.

예전에 《목민심서》를 읽은 적이 있는데, 참 어려운 내용이었다. 그래서인지 읽는 동안 힘들고 어려워, 반복 읽기를 여러 번 하였는데 읽을수록 마음에 와 닿는 부분이 많았다.

정약용이 18년간의 귀양살이를 하면서 집필한 책으로, 각 지역에 부임한 고을 수령이 마음에 새기고, 지켜야 할 일을 모아 48권 16책으로 만들었다고 한다.

새로운 국면을 맞이하고 있는 사례를 든 것은, 《목민심서》가 그 어느 때보다 절실히 내게 다가와 또 다시 읽으면서 마음이 변화하였다.

더불어 앞으로 우리나라를 짊어지고 가야할 많은 지성인들에게, 올바른 가치관과 바른 일이 선택할 수 있는 길을 열어줄 수 있으리라 생각된다.

우리는 가끔 이런 공직자가 되길 원한다.

공직자들은 국민들로부터 권한을 위임받고 공직에 나가 일하는 일꾼이니 이들은 무엇보다 국민을 향한 책임을 철저히 느끼며 살아야한다. 우리 공직자는 어려운 여건에서 묵묵히 소임을 다하고 있지만, 최근 일부 지자체에서 드러난 토착비리와 권력형 비리는 참으로 안타까운 일이다.

공직자들은 확고한 윤리의식과 책임감을 갖고 심기일전의 마음으로 열심히 일해야 한다.

우리가 살아가는 데 필요한 지혜와 마음가짐이 담겨있기에 《목민심서》가 주는 교훈은 꼭 지도자만이 필요한 책이 아니라 모든 이들이 읽고 실천을 해야 하리라고 생각한다.

정약용 선생은 정치에도 남달리 관심이 많았다. 정치가로서의 그 시대는 정치적으로 폐단이 많았고 특히 지방 관리들의 부패가 심했는데. 그들의 부패를 지적하고 그들의 임무를 알려주고 일깨워

주는 《목민심서》라는 책과 《경세유표》라는 책을 지었다. 또한 형법. 즉 범죄인을 다스리는 책도 지었는데. 이 책은 법의 집행에서 억울한 백성이 나오지 않도록 하기 위함이라니 얼마나 놀라운 일인가?

입신양명이 나에게 준 교훈은 자신의 뛰어남으로 현실에 안주했다면 좋은 자리를 누렸을 테지만, 현실에 안주하지 않고 새로운 것을 생각하고 또 받아들일 줄 알며, 그는 모든 것을 탐하지 않고 비움과 버림의 실천으로 많은 길을 때론 가고 싶지 않지만 남을 위하여 그 길을 선택할 수도 있었다. 오로지 그의 뜨거운 열정과 의지로.

자신의 삶에 안주하지 않고 끊임없이 노력하고 연구함이 있었기에 200여 년이 지난 지금도 많은 사람들의 존경을 받고 그 글을 읽음으로 인하여 산처럼 무겁고 바위보다 더 굳은 나의 몸을 움직이게 했던 것이다.

유배지 강진에서 고향으로 돌아와 74세에 세상을 떠났지만, 그는 떠난 것이 아니다. 영원히 우리의 마음속에 살아 움직인다.

그는 철저한 자기관리와, 어려운 여건 속에서도 굴하지 않고 자신의 학문 발전에 노력을 하여 현실적, 실천적 학문완성으로 백성들에게 행동으로 보여주었다. 그는 과학적이고 자주적인 실학사상을 전개하여 5백여 권의 방대한 저술을 남긴 우리의 스승이시다.

그러므로 이 땅의 공무원들은 부정부패를 모르고 국가발전과 사회 안정을 위해 깨끗한 공직자로 살아야 할 것이다.

민(民)이 근본이다.

다산 경세학의 근저에는 민(民)을 근본으로 여기는 자세 또는 민(民)에 대한 애정을 바탕으로 한다. 다산이 남긴 시문들은 당시 민초의 피폐하고 참혹한 현실을 고스란히 그려내고 있다. 경기 암행어사로 민간에 잠행하면서 농촌의 피폐상을 직접 보고서, 강진 유배 때 국가권력과 아전의 횡포를 직접 듣고서 토해낸 글들이다. 다산은 당시의 치자-피치자의 구조에서 백성의 주체성을 강조하고, 치자의 책무와 피치자의 권리를 각성시키고자 노력했다.

다산은 목민심서 서문에서 군자의 학문은 수신(修身)이 그 절반이요, 나머지 절반은 목민(牧民 : 백성을 다스리는 것)이라 했다. 그리고 목민관으로서 요구되는 덕목으로 '율기(律己 : 자신을 다스림)', '봉공(奉公 : 공을 받듦)', '애민(愛民 : 백성을 사랑 함)' 세 가지를 벼리로 삼고 있다. 이 모두가 백성 한사람이라도 그 혜택을 입었으면 하는 것이 다산의 마음이었다.

지도자의 그릇

강 지사님을 면담키로 하였다.

우선 현부지사를 만나서 행자부의 최종업무인 전북도에서 국가직으로 전환한 후에 B.H로 전출입 절차를 받으라는 내용을 설명하였다.

사실설명을 하기로 한 부지사는 모든 내용을 행자부, 자치행정국장으로부터 2~3일 전에 전해 듣고 난감하여 고민만 하고 있는 중이었다. 답답해하는 그의 면모가 서운했지만 대선배에게 크게 내색할 수가 없었다. 더 이상 부지사에게 심적 부담을 주면서 나의 문제를 논의하고 싶지 않았으며 책임자인 지사를 만나서 최종적인 대화를 해야 소통이 될 것 같았다.

"지사님! 행자부의 입장이 전북도 T/O로 해결해야 한답니다.

행자부도 제 문제를 어떻게든 해결하려했지만 공무원 임용령 규정상 방법을 찾지 못했습니다. 그동안 제 문제에 대해 많은 염려를 해주신 점 감사드립니다. 조속한 시일 내에 지사님의 선처를 부탁드립니다."

"아니 떠난 줄 알았는데……. 나에게도 책임이 있지. 법적인 하자만 없으면 해결해야지. 내가 책임지면 되지? 인재양성차원에서라도 말이야."라고 지사님의 흔쾌한 결정과 책임진다는 말에 속이 후련해지면서 과연 지사님 뵙기를 너무 잘했다고 생각을 하였다.

같은 내용을 받아들이는 윗사람의 태도가 너무 비교되는 경험도 했던 터라, 더욱더 감사했고 '큰 분은 역시 다르시구나.' 하고 느꼈다.

영길이 형과 그날 밤 마신 막걸리 잔은 너무도 빨리 비워지고 있었다.

강 지사님! 존경합니다.

사랑합니다.

그리고 잊지 않겠습니다.

내 삶의 좌표 세종대왕

민주적인 리더십이 가장 우수한 분의 한 분을 꼽으라면 서슴지 않고 우리는 세종대왕을 꼽을 것이다.

조선시대에도 대대적인 여론조사가 이루어진 적이 있다는 사실을 알고 모두들 놀랄 일인데 가능한 많은 국민의 뜻을 수렴하려는 노력의 일환일 것이다. 그런데 여론조사가 있을 때마다 각 정파간에 왜곡시비가 나오는 것을 보면 여론조사를 하는 마음자세와 방법이 그리 간단하진 않다는 생각을 하게 된다.

우리역사 최초의 여론조사를 살펴보고 그 역사적 의의를 오늘에 되새겨 보면 세종은 백성들이 조정에 공물을 바치는 공법, 즉 조세제도에 문제가 있다고 보고 개혁을 할 생각이었다. 신하들이 공법을 함부로 건드려서는 안 된다면서 반대하자 그러면 어떤 제도가 더 좋은지 백성들에게 직접 물어보자고 했다.

조선왕조실록에 따르면 세종12년(1430년)에 모두 17만 가구를 대상으로 약 6개월간에 걸쳐서 조사를 했다. 그 결과 찬성이 많긴 했지만 압도적으로 우세하게 나오지는 않자 세종은 공법 개혁에 착수하는 대신 공법 내용을 계속 수정했다. 그렇게 해서 공법개혁을 제안한 지 무려 15년이 지난 다음에야 토질과 수확량에 따라 세금을 거두는 새 제도를 만들었다.

이 여론조사와 별도로 관리들에게도 별도의 여론조사를 했는데 고위직은 반대에 손을 들었으며 하위직은 찬성을 많이 했다고 전한다. 고위직 관리들은 토지를 많이 소유하고 있어서 기득권을 지키려고 한 결과라고 믿는다. 세종은 관리들의 여론도 무시하지 않았다.

그 사이에 세종은 직접 농사를 지으면서 농업기술을 보급하여 생산력을 높이고 지역간 농업생산성의 격차를 줄이는데 노력했음은 말할 것도 없다.

요즘 실시하는 각종 여론조사들이 이런 마음자세로 여론조사에 임하고 그 결과를 해석한다면 과연 왜곡된 여론조사라고 할 수 있을까.

우리는 이 애민정신의 세종대왕을 통해서 얻은 바가 네 가지 있다.

첫째는, 백성의 뜻을 중시하고 한 사람이라도 그 이익을 우선하는 애민(愛民) 정신.

둘째는, 과학적이고 민주적인 사고방식.

백성들을 위하고 소수의견을 무시하지 않는 세종의 마음이 엄청난 인력과 시간의 투자를 마다하지 않은 여론조사로 표출된 것이다.

셋째는, 소수 의견을 무시하지 않는 여론조사결과에 대한 공평무사한 해석태도.

세종의 뜻에 독단이 있었다면 57%의 결과만으로 새로운 세법을 강력하게 밀고 나갔을 테지만 세종은 그렇지 않았다. 고위직 관리들의 반개혁적인 거부반응조차도 보듬어 안는 열린 마음을 보여주었다는 점이다.

넷째는, 사고의 유연성과 타협적인 관용의 마음가짐과 실용주의 사상.

전제군주시대에도 제도 하나가 이렇게 오래 걸렸는데 개혁의 어려움을 우리는 너무 쉽게 생각하고 있다.

그 시대에 세제개혁 문제를 가지고 여론조사까지 실시했던 것인데 우리는 기분에 따라 사람에 따라 자주 바뀌는 행정에 현대 정치 상황에 시사하는 바가 크다.

이 사회의 어떤 결정에 있어 정치나 이념의 개입은 철저히 배격

돼야 한다. 어질고 현명했던 세종대왕이 행한 것처럼 이루어지길 바라는 마음이다.

불법쓰레기와 전쟁 선포

젊은이들의 꿈과 낭만으로 가득 차야 할 전북대 대학로에 믿기지 않는 광경이 일어났다. 길을 지나가는 사람들은 산처럼 쌓여있는 쓰레기더미를 보고 저마다 한마디씩 하며 지나간다.

대학로를 지나가는 사람들마다 코를 막고 숨을 쉬지 못하며 달려가야할 정도이고 보면 차도와 인도를 위협할 정도의 분량이다. 어느 대학생은 쓰레기 때문에 냄새도 냄새지만, 길이 좁아져 차와 사람들이 교통 혼잡까지 겪고 있다고 흥분하며 말했다. 이건 결코 대학로에만 있는 일은 아니다. 전주시내 곳곳에서도 쓰레기더미를 쉽게 발견할 수가 있었다. 지금 전주는 쓰레기로 몸살을 앓고 있다. 무분별하게 배출된 쓰레기 때문이다. 도심 외곽지역에 불법 투기된 폐가구나 가전 등의 수거를 전면 거부하겠다는 강경입장을

공식발표했다

전주시에서는 쓰레기 규격봉투 이용과 분리수거 생활화, 불법 투기 근절을 위한 대 시민홍보를 펼치며 또 시민들의 적극적인 노력과 협조도 당부하고 있는 상황이다

시민 사회에서도 우려의 목소리가 점차 높아지고 있다. 지금 쌓여 있는 불법 쓰레기의 수거를 거부하면 도심 전체가 불법 투기된 쓰레기 천국이 될 것이고 합법적으로 쓰레기를 배출하는 시민들은 피해를 겪어야 한다는 지적이다. 이에, 나는 일시적으로는 진통이 따르겠지만 쓰레기 배출 문화를 바로 잡기 위한 어쩔 수 없는 선택이며 강온 전략을 병행해 선의의 피해를 최소화하기로 밝혔다. 드디어 쓰레기와의 전쟁은 시작되었다.

전북대 대학로 새벽을 누구보다 빨리 맞이하는 환경 미화원이 있다.

새벽바람이 매서운 그날도 두 손발이 꽁꽁 얼어붙을 것 같은 추위지만, 어김없이 새벽 4시부터 환경미화원 일은 시작된다.

늘어만 가는 쓰레기에 걱정이 되었는지 동네 주민도 나와 환경미화원을 기다렸다. 쓰레기 때문에 동네 이미지도 안 좋아져 정말 골칫거리라고 말했다. 30분 정도 지나자 쓰레기차와 함께 환경 미화원이 도착했다. 부지런히 쓰레기를 수거하는 환경 미화원에게 왜 쓰레기를 모두 수거하지 않느냐고 물었다. 그는, 규격봉투에 담긴

것들만 가져가는데 다음날이 되면 또 불법 쓰레기가 쌓인다고 한숨을 내쉬었다. 사람들이 왜 이렇게 쓰레기를 버리는지 자기 동네가 더러워지는 것을 봐도 아무 생각이 안 드나보다.

언제까지 이대로 쓰레기를 방치할 것인지. 주민들이 불법 쓰레기를 직접 분리해 처리한 뒤에야 가져갈 수 있었다. 시민들의 환경의식 변화 필요성을 절실하게 느낄 수 있었다. 환경 미화원을 만나고 집으로 돌아오던 중 불법 투기로 인해 문제가 되던 한 골목길에 거울이 설치된 것을 보았다.

누가 이곳에 거울을 붙여 놨다는 소리에 거울을 보기 위해 가까이 가 보았다.

거울에 붙어 있는 글귀가 먼저 눈에 들어왔다.

'당신의 양심! 이래서야 되겠습니까?' 라는 글귀를 읽고 한 동안 멍하니 그 자리에 서 있을 수밖에 없었다.

밤늦게 쓰레기를 불법 투기하러 왔다가 이 거울을 보게 된다면 어떤 느낌일까 하는 생각이 제일 먼저 나의 뇌리를 스쳤다. 모든 시민들이 규격 봉투와 분리수거의 생활화 불법 투기 근절을 실천해 거울에 비치는 모습이 부끄럽지 않는 사람이 되길 바라는 마음이다.

당당한 무역교류

요즈음 공산권과의 무역교류가 확대되는 조짐이다.

불과 얼마 지나지 않은 일은 모두 머릿속에서 사라져버리는지 인간은 망각의 동물인가보다. 생생히 기억 속에 있으면서도 괜한 생각으로 시대착오적인 것으로 판단하고 생각을 접어두는지 모를 일이다.

20년 전만 해도 초등학교 학생들은 "무찌르고 말테야. 중공 오랑캐"라는 노래를 불렀었다. 고무줄 하나만 있으면 얼마든지 놀이가 가능했던 그 시절 운동장에서의 고무줄놀이는 또 다른 사교의 줄이기도 했다. 남학생들은 공연히 줄의 한가운데를 가로질러 뛰어가면서 고무줄을 끊고 간다. 그러면 여학생들은 공연히 또 잡으러 뛰어간다. 그냥 좋은 감정을 말하지 못하고 엉뚱한 짓으로 관심을 사려했는지도 모른다.

쉬는 시간만 되면 고무줄 잘하는 여자아이들이 고무줄을 여러 가닥 이어서 이런 노래를 부르며 폴딱 폴딱 뛰었던 기억이 난다.

"전우의 시체를 넘고 넘어 앞으로 앞으로
낙동강아 잘 있거라 우리는 전진한다.
원한이야 피에 맺힌 적군을 무찌르고서
꽃잎처럼 사라져간 전우야 잘 자거라.
우거진 수풀을 헤치면서 앞으로 앞으로
추풍령아 잘 있거라 우리는 돌진한다.
달빛어린 고개에서 마지막 나누어 먹던
화랑담배 연기 속에 사라진 전우야"

자본주의 시대에 사는, 아니 머지않은 장래에 선진국에 진입한다는 경제적인 비전속에서 우리 모두 잘 산다는데 과거의 일들을 뒤적이는 것은 소비성 있는 얘기라도 할지모르지만, 우리 아버지 세대는 6 · 25때 중공군, 로스케군의 총칼에 피를 흘렸고 우리 할머니 세대는 일본군의 정신대로 전쟁터에 끌려갔었다는 사실은 결코 잊어서는 안 된다.

보릿고개를 자라나는 후세에게 되뇌게 할 것이 아니라 기성세대가 요구 하고 강요하는 과거 경제적 빈곤으로부터 벗어난 것에 대한 자식에게의 강요보다는 기성세대가 젊은 시절 소중히 했던 나라사랑하는 마음이나 효의 정신을 진정 앞세워야 될 줄 안다.

거대한 나라 중국이 무역교류를 하자고 하는 우리나라를 보는 시각은 과연 어떠할까. 할아버지가 손자 재롱을 보는 식이라든가?

대국으로서의 음흉한 장기적 속셈과 과거의 적대관계를 내색치 않는 순종형의 한국에 대해 어떻게 생각하는지, 한마디로 중국이든 일본이든 작금 무역개방 압력을 퍼붓는 미국이든지 간에 우리는 떳떳이 교류해야 한다.

얼마 전 미국의 통상압력에 어느 부총리가 미국에 허겁지겁 달려가 미국의 관계장관과 마주 앉아, 협상이 아닌 사정을 하고 돌아서는 모습이 어떠한가? 경제교류도 좋지만 자주 외교로서의 정신까지 내주어서는 안 될 것이다. 안방까지 내어 주면서 잘 살면 과연 가치 있는 일일까?

오늘따라 김구 선생이 생각나고 항일독립투사들이 생각나는 것은 왜일까. 불과 얼마 전만 해도 민족적 적대국이 오늘날 손을 잡고 있는 현실. 역사의 아이러니가 우습기만 하다. 속에 있는 간까지 빼어줘서는 안된다. 의연한 자세로 임해야 한다.

정부는 공식적으로 며칠 전 공산권과의 무역교류를 발표했다. 아울러 서해안시대의 개막을 알리고 중국과의 무역거래가 머지않은 장래에 직접교류가 가능해질 것으로 판단된다. 천연자원도 부족한 나라에서(인력자원 외) 국가경제를 주로 수출에만 의존할 수밖에 없는 현실에서 중국 등 공산권과의 무역증대로 국가의 GNP를 급성장시킬 좋은 기회가 아닐 수 없다.

요즘 경제사회 분위기는 모든 국민이 들떠 있다. 심히 우려됨을 어떻게 막아 볼까.

무역교류는 적극 찬성한다. 하지만, 학교에서 배웠던 반공교육의 허구성과 잘못된 고정관념, 편견에 사로잡힌 두뇌의 재인식이 어렵게 느껴진다.

'90년대 초 중국과의 무역에서 대국과 소국의 역사적인 힘의 격차를 재조명해야 한다. 한국전쟁을 치루면서 우리가 받은 상처 그리고 중국에 대한 배타의식과 무역교류의 부정적인 시각에서 의식의 혼란, 그것은 교육과 학습의 결과물이라고 말할 수 있다.

농자천하지대본

"농민은 인류의 생명창고를 그 손에 잡고 있습니다.

우리나라가 돌연히 상공업 나라로 변하여 하루아침에 농업이 그 자취를 잃어버렸다 하더라도 이 변치 못할 생명창고의 열쇠는 의연히 지구상 어느 나라의 농민이 잡고 있을 것입니다."(윤봉길)

농 민

윤봉길

농민은 못난 사람이 아니다.
못난 사람은 농민이 아니다.
못난 사람이 아닌 농민이다.

농민은 무엇보다도 두 다리를 이 대지 위에 굳건히 딛고 일하는 존재이다. 말하자면 지구의 고통을 피부를 통하여 맛보는 존재이다.

지구가 말하는 정보에 귀 기울이고 전달하는 것이야말로 문화라고 하는 것이다. 쌀을 만들고 야채를 생산하는 일을 야기하고 있는 지금 우리는 새로이 그러한 것을 다시 생각하는 것이다.

농촌에서 일년 내내 허리 펴지 못하고 기어 다니며 농사를 지어도 도심의 사람들이 한달 받는 월급만도 못하니 이 일을 뒷짐 지고 구경만 할 일은 아닌 것 같다.

농촌생활을 하기위해서는 우리는 문화개선과 가공기술 개발을 통하여 농가소득을 향상시키고, 농촌 환경개선사업 등을 모범적으로 추진해 포상하고 적극 지원을 아끼지 않아야 한다.

지역 주민들의 생활기반시설의 확충을 위해 정부는 선진국의 사례와 국내 농촌 실정에 맞는 농촌 기계화와 생산량의 확대를 위해 품종개발과 인력증대에 노력을 거듭해야 한다.

대통령 보좌관론

보좌의 개념은 종사(follow)의 위치에서 리더(leader)가 하는 일이 좋은 업적을 내도록 보조하거나 보완을 하는 행위라고 정의를 하고 싶다.

보좌하는 사람은 모든 생각과 행동의 제일 기준은 리더이며, 리더와 한 방향을 바라보고 늘 새로운 기법을 제시하며 시대를 선도해 나가야 한다.

보좌하는 사람은 항상 모든 생활의 중심 영역을 리더를 향해 맞춰가며 콤플렉스를 없애고 '정치적 의도'가 아닌 대통령의 귀와 눈이 되고 손발이 되어 때로는 따끔한 비판 혹은 방패막이가 되어야 한다.

대통령을 보좌하면서 3S를 생각해 봤다.

첫째, 비서(secretary)

둘째, 참모(staff)

셋째, 전략가(Strategist)

대통령의 보좌진의 기본적, 중요요건은 정치적인 감각이 뛰어나야한다. 대통령의 판단과 결정하는 문제는 전국가적으로 거대한 영향을 미치기 때문이다. 비서생활은 非私생활이라고 하고 싶다.

국내의 위기 상황에 신속하고 현명한 판단하고 유고할 수 있는 기능이 있어야 함은 말할 필요도 없다, 정책발표 전 국민들의 여론과 언론의 반응예상을 판단하고 간파해서 재빠르게 간파해야 한다.

정책의 시기가 적정한가? 상대방의 반응은 어떻게 진전되며 정책역학 관계는 어떻게 되는지 예민한 부분이다. 또한 대통령의 이미지 문제나 표정, 헤어스타일, 넥타이등의 사소한 모든 문제까지 통합적으로 사고하는 보좌관이 되어야 한다.

훌륭한 보좌관이 되려면 네 가지는 필수이다.

(1) 다양한 경험과 감각이 있어야 한다.

(2) 충성심이 있어야 한다.

(3) 도덕성이 있어야 한다.

(4) 은밀성이 있어야 한다.

참고로 비서와 아내한테는 아무리 잘해도 영웅이 없다고 한다.

좋은 보좌관은 세간의 비난을 두려워해서는 안 되며, 갖은 상처투성이가 된 소리를 들을 줄 알아야한다. 공무원 사회에서는 능력평가가 쉽지 않고, 기준도 모호하다. 따라서 이런 경우 극복할 줄 알아야한다.

그리고 어떤 정책이 입안되고 집행할 때 누군가에게는 불이익이 있을 수 있으며, 오직 대통령이 생각하는 바가 실현되고 더 많은 사람이 이익을 본다는 공익차원에서 자긍심을 가져야 한다. 보좌는 절대 노출되지 말아야 하며, 과시욕이 있어서는 안 된다.

새벽출장

달맞이꽃 울음소리가 그치고 새벽빛이 점점 환하게 밀려온다.

음악에 매몰된 나는 물속에 그림을 그려놓고 새벽 6시에 지도 출장을 떠나고 있다.

가을보리 재배면적확대를 위한 농가계도차원에서 농민들의 여론을 중심으로 행정을 펼치고자 비 오는 황톳길을 나 홀로 걸어간다.

과장이 직접 뛰는 모습을 보여 주는 것이 다소간에 효과적이리라 믿고 이 길을 선택했다. 소성과 입암을 거쳐 덕천에 다다르니 실망과 안도의 교차에서 오는 수많은 생각들. 그들의 우수에 젖은 슬픈 눈동자를 바라보니 갑자기 시장기가 밀려온다.

얼마 전 돼지감자사건이 일어났다. 부국 특수농산의 부도로 농민

피해 예상, 집단민원사태 우려가 전국 규모로 크게 번져갔다. 남원군은 농공 단지내 공장부지만 매입 남원군에서 환수 조치 중이었다.

정읍군내 75계약 농가에서는 피해액만 약 종자대를 포함하여 3천만 원 정도였다. 전주출장소 소장을 직접 만나기 위해 부군수님을 수행하여 영원 풍월리에 가서 면담을 하였다. 한국의 표본적인 농민의 인상이다. 순박하고 성실한 저 사람을 앞세우고 수많은 농민의 돈을 훑어간 저주받을 자들, 가슴이 아파온다.

무거운 발을 이끌고 귀청하니 늦은 아홉시가 훨씬 지나고 그동안 밀린 잡무를 정리하고 나니 어둠이 내려 온 천지가 잉크 빛으로 물들어 있었다. 열 시가 다 된 시간에야 부군수님과 단둘이서 식사를 하니 흘러내리는 땀방울은 살포시 녹아 나의 고통은 어제와 오늘 그리고 기약 없는 내일까지 약속해 주는 듯하였다.

公人의 道

나 자신 따를 생각은 없지만 家事不問과 상사에 긍정적인 언행을 근본으로 생각한다.

三事行政이란 人事, 工事, 行事이다.

정우면과 농산과 단합대회를 고창 선운사에서 개최하였다.

안 보이는 것이 없다. 내가 못 보는 것이다.

안 들리는 것이 없다. 내가 못 듣는 것이다.

안 되는 것이 없다. 내가 못 하는 것이다.

공직자는 정책의 생산성을 높임으로서 결과에 책임을 질 뿐 아니라 어느 경우는 자기의 과실로 인하여 그 부담이 국민에게 돌아가는 일 만큼은 결단코 막아야 한다는 公人으로서의 투철한 의식이 있어야 한다.

극대화를 위한 즉, 단위당 생산성의 향상에 행정의 총력이 필요한 때이기도 하다.

천 년을 울어도 시원찮은 울음

반원은 사랑을 감추기 위해
땅속에 몸을 감추고
천년을 울어도 시원찮은 울음

누구에게 자세를 낮춰 부탁하지도 말고,
더구나 누구에게 기대지도 말며
꾸준히 착하게 정의의 길로 나가자.
젊은 피는 지글지글 끓는데 그 무엇이 두려운가?
허욕과 도깨비의 꼬임인가?
오늘의 불만족이 채찍질이 되고
벽돌 한 장 더 올리려는 자극이 되도록

선과 정의만을 행하기도 너무나 짧은 인생
심한 유혹이 혀를 내둘러도
나의 자세는 부동이라.

동료애의 진한 감동

완전 의욕 상실. 연일 7일부터 잎담배 검수업무에 밤 10시 30분, 11시까지 근무가 계속되니 나를 비롯하여 전 직원들이 파김치가 되어 있다. 하지만 맡은 바 각자 소임을 해내는 것들이 모여, 국가라는 수레바퀴가 돌아가는 것임에 틀림없다.

40대, 50여대 계속 차는 밀리고, 업무는 과중되고 약해지지 말고 젊음으로 버티며 계속 밀고나가야겠다. 계속 이어지는 과로 때문에 직원들이 지쳐 쓰러질지 걱정이 앞선다.

꾸준히 일해 주는 동료 직원들이 고마울 따름이다. 매력 있는 업무는 비록 아니나 나는 이 업무에 미쳐야 하고 완전히 미쳐 있다.

이 길이 분명 나라사랑의 길이라 믿기에….

과다한 업무로 효율적이지 못 하면 아니 되는데 부족한 인원으로 감당을 해야 하기에 우린 말없는 소처럼 서로의 눈치 살피지 않고 자기 몫의 일에 최선을 다하고 있다.

젊음의 에너지

창 위안회 날이다. 우리 과 직원만 출근하여 근무하는 모습을 보니 과장으로서 미안한 마음이 크다.

내일은 가공작업이 착수되는 날. 오늘 밤까지 외주기계공사가 완료되지 않아서 지금까지도 정비중인 기계를 보며 무거운 발걸음으로 숙소에 돌아왔다.

책임을 부여하는 것은 물론 어렵다. 다른 이들이 자기만큼 잘 할 수 있을지 알 수 없으니까 말이다. 그러나 그 모든 일을 직접 할 생각이 아니라면 다른 사람들을 믿고 그 책임을 부여해야 한다.

우리는 책무, 책임, 의무라는 단어를 자주 접한다. 하지만 그 세 단어의 차이점은 비슷하여 설명으로는 복잡하다. 굳이 책무, 책임, 의무의 차이점을 설명하라고 한다면 사전적의미로 책무란 직무에 따른 책임이나 임무이다. 여기서 중요한 것은 '직무에 따른' 이 부분이다. 직무란 직책이나 직업상에서 책임을 지고 담당하여 맡은 사무를 말한다. 즉 맡은 일을 뜻하는 말이다. 예를 들면 공무원이 행정관련 업무 중 맡은 일에 대한 책임이나 임무를 말하는 것이다.

비록 지치고 힘든 벅찬 하루였지만 우리들의 에너지가 이 대한민국의 일부에 마음껏 뿌려지고 있다는 긍지. 이 젊음은 무척 자랑스러운 것이다.

PART 02

전주, 그리고 내 고향 솜리

만경강에서 희망의 빛을 본다

70년대 중반 대학시절, 유일하게 암송할 정도로 좋아하던 시가 신동엽 시인의 「껍데기는 가라」였다. 허름한 선술집에서 친구들과 함께 시국에 대해 울분에 찬 토론을 벌이곤 했던 그 때, '껍데기는 가라'는 사회변혁을 꿈꾸는 젊은이들의 열정을 불러일으키는 멋진 건배사가 되기도 했고, 친구들도 뿔뿔이 흩어진 골목길 가로등 아래 홀로 서 있을 때에는 만취한 정신을 퍼뜩 차리게 하는 주문이 되어 주었다. 또한 젊은 시절은 매너리즘과 패배의식에 휩싸여 있을 때에도 열일곱 줄에 지나지 않는 이 시 한편은 나를 잡아매는 고삐이기도 했고, 앞으로 나아가게 하는 채찍이기도 했다.

그로부터 수십 년이 흐른 지금에도 「껍데기는 가라」는 인생의 전환점을 함께 한 시로 여전히 애송시의 자리를 내놓지 않고 있다.

아니 올해 새해 벽두에는 전북의 젖줄이자 내 고향인 만경강 자락에서, 대한민국의 보고(寶庫)가 될 새만금 한복판에서, 20대 무렵의 열정과 패기를 다시금 꺼내 "껍데기는 가라."라고 크게 한 번 외치고 올 참이다. 지금이야말로 호남 제일의 지역에서 전국 최고의 낙후지역이라는 결과를 낳게 한 껍데기를 일소하는 사자후를 외치고 지역의 미래를 위해 다 함께 뛰어야 할 때라 믿기 때문이다.

21세기 대한민국과 전북발전을 견인할 새만금사업이 우리의 가능성과 잠재력을 시험대에 올려놓고 있다. 전주, 군산, 익산, 김제, 부안 등 새만금 주변부 지역을 중심으로 도민 모두가 미래로의 도약과 비상을 준비해야 하는 중대한 전환의 시기를 맞고 있는 것이다. 변혁의 시기에 안정과 나태에 젖어있거나 구습을 벗어버리지 않는다면 그 즉시 도태되기 십상이다. 속도가 붙고 있는 새만금 사업의 발전에 발맞춰 산업, 환경, 문화, 교육 등 도시 전 부문의 경쟁력과 지역가치를 높이는데 전력하지 않으면 낙후와 쇠퇴의 그림자는 진해지고 민생회복은 요원한 얘기가 될 것이다.

도민들의 의식 변화도 꼭 필요하다고 본다. 오랜 기간 지속된 지역차별에 의해 내성처럼 자리 잡은 패배의식과 열등감, 그리고 보수적 성향에서 비롯된 변화에 대한 거부감은 지역발전의 잠재력을 가장 두껍게 감싸고 있는 껍데기 중 하나로 꼭 극복해야 할 것들이라고 생각한다.

반면에 우리 안에 있는 알맹이는 얼마나 다양하며 또 소중한 것인지를 떠올려본다. 전북인은 전란의 포화와 온갖 역경 속에서도 태조어진과 전주사고의 실록을 지켜낸 굳은 의지와 신념을 지닌 사람들이다. 이순신 장군은 약무호남 시무국가(若無湖南 是無國家)라며 호남인의 애국심을 칭송했고, 보국안민(輔國安民)을 외친 동학농민군의 중심 거점 지역으로 부조리와 불의에 당당히 맞선 사람들이 살아온 곳이 전북이다. 또, 예로부터 먹을거리가 풍부했던 지역 사정은 시민들의 DNA에 예술과 문화를 즐길 줄 아는 풍류를 깊게 새겨 놓았고, 남을 먼저 생각하는 인정과 배려 역시 전북인이 지닌 고유한 미덕으로 꼽을 수 있을 것이다.

경인년, 새해가 밝았다. 호랑이처럼 역동하는 기운으로 패배의식과 열등감은 떨쳐버리자. 변화에 인색했던 보수성은 저 멀리 가버리라고 크게 한 번 외쳐보자. 우리 모두에게 내재되어 있는 굳은 의지, 높은 문화적 감수성, 나눔의 정신이야말로 진정한 전북정신으로, 꾸준히 가꿔나가야 할 '향그러운' 알맹이임을 잊지 말자. 지역에 대한 꾸준한 인식과 성찰이야말로 지역발전의 가장 힘찬 원동력이 될 것이며 빛나는 내일을 열어 나가는 계기가 될 것임을 믿어 의심치 않는다.

특별히 올해는 경기전 창건 600주년을 맞는 뜻 깊은 해이기도 하다. 지역사적으로도 매우 중요하다 할 만한 2010년, 모든 도민이 전북의 새로운 미래를 위해 힘과 의지를 다시 한 번 모아주시길 바라며 더불어 개개인의 삶을 무겁게 감싸고 있던 껍데기도 모두 벗어버리고 더 멀리, 더 높게 비상하는 한 해가 되시기를 진심으로 기원한다.

지성이면 감천이라더니

자림원은 장애인의 통합을 위한 재활교육에 중점을 두고 20년 동안 전주시 수백여 명의 장애우들이 모여 생활하는 공간이다.

전주 서부신시가지 이전사업의 큰 걸림돌로 한복판에 덩그러니 주저앉게 된 자림원의 방문을 앞두고 도살장에 끌려가는 무거운 걸음으로 자림원을 향하는 그 날 자림원 이전문제를 가운데 놓고 자림원 측과 이견을 좁혀보자는 것이었지만 그 갈등은 오히려 잠재우기는커녕 더 확산 되어가니 나의 입장은 발표도 못해보고 소득 없이 발길을 돌려야했다.

자림원의 OK사인만 기다리다가는 서부 신시가지 도시개발 사업에 큰 차질이 빚어질 수도 있어 진퇴양난(進退兩難) 의 어려운 처지로 돌입하고 말았다.

전주시 한옥마을 은행로 확장사업에서도 골칫거리로 몇 개월 동안 은행로를 일방통행으로 하겠다는 시와 양방통행으로 해야 한다고 주장하는 한옥마을 주민들이 갈등을 겪고 있을 무렵 안 부시장이 나서야 한다며 등을 떠밀어 주민설득에 승리한바 있는 사례가 있지만 이번에도 총대를 메고 설득에 나서기로 하였으나 별 소득 없이 돌아서야 했다.

전주시의 공사 강행으로 안전을 위협받고 있다고 하지만, 도시개발지구에 있는 정신지체학교인 자림원의 이전이 늦어지자 전주시는 주변사람들과 갈등 중재를 위한 대화를 충분히 했다.

하지만 자림원은 추가 보상금을 요구하며 이전을 거부하고 있었다. 장애인들을 수용할 대체시설이 마땅치 않다는 이유에서다. 현재의 규모보다 큰 시설면적 때문에 증가된 공사비 75억 원 정도가 더 필요하다는 게 자림원의 주장이다.

전주시와 자림원이 모든 문제해결방안에 있어 부드럽게 협상한 결과 이런 저런 일들이 모두 잊혀져 가고 좋은 화해의 장이 되었다.

'지성이면 감천이다.' 는 말이 틀린 말이 아닌 사례이다. 어떠한 집단민원도 진실과 정성으로 접근해야 함을 배운 사례이다.

문제는 커져만 가고 또 한번 앞잡이가 되어 숨고르기를 하여 전주시는 자림원 임시 이전을 위한 가설 건축 신축비 20억 9800만

원을 자림원이 부담키로 하고 현재 확보된 사업비로 2008년 말까지 자림원 본 건물을 신축 이전하기로 양측이 합의에 성공하였다.

부시장인 나는 드디어"난항을 거듭해온 문제가 타결된 만큼 자림원 이전 협상이 반복되지 않도록 하겠다."라고 말하고"앞으로 서부신시가지 개발에도 박차를 가할 수 있게 됐다."고 대외적으로 밝혔다.

전주에서 뉴욕으로

전주 한지가 세계시장의 한복판인 뉴욕과 워싱턴에서 그 진가를 인정받게 되어 전주 시민과 함께 이 기쁨을 나누고 싶다.

반기문 유엔사무총장님과 미팅이 있었다. 먼저 우리와의 자리를 위해 시간을 내주신 점에 대해 깊은 감사를 드린다. 13일 밤에 도착하여 14일 오전에 바로 총장님 관저를 방문하였다.

관저의 리모델링공사가 50년 만에 이루어지다보니 아주 대대적인 공사인 만큼 그동안 호텔에서 머무는 동안 총장님의 내외분과 우리 일행은 자연스럽게 첫 미팅이 이루어졌다. 위치와 규모에 대하여 정확히 알게 되었고 먼저 한도룡 교수께서 설계해 놓은 계획안도 처음 보게 되었다.

작은 공간에 총장 내외분께서 직무하시는 동안 한국 냄새가 나는 고풍적인 한지로 꾸며 드리고 싶다는 제의에 깊은 호감을 보이시며 흔쾌히 승낙해주셨다.

반기문 총장부부는 한지의 특수성과 미적인 면에 아주 경탄하며 외빈 접견실 인테리어는 물론, 앞으로의 주요 만찬장의 한지 디스플레이 제안에도 적극적인 약속을 하였다.

우리들의 고장 한지를 세계에 알리고 싶은 욕심에서 반기문 UN 사무총장 관저와 UN본부 앞, 한국대표부의 로비와 회의실에도 전주한지로 인테리어하기로 결정을 보았을 때의 기쁨은 이루 말 할 수가 없었다.

직전에 일본풍으로 했기에 모두 뜯어내고 이제는 한국을 알리는 좋은 기회가 되었다. 한국에서는 처음으로 그 자리에 앉게 되는 영광이니 만큼 긴장도 되고, 문화차이를 극복하는 50년만의 인테리어에 우리가 함께 한다는 점이 너무 감격스런 일이었다.

우리 일행은 반기문 총장님의 접대를 받고 한국이미지를 살려 최대한 잘해보기로 하고 답사를 마친 자리에서 새만금 방조제는 UN 차원에서 환경문제에 관심도 가지고 계신다고 하였고 외교문서도 빛 바라지 않고 질이 좋은 한지를 사용했으면 좋겠다는 낙관적인 전망을 보여주셨다. 반기문 총장님은 전주에 두 번 방문한 적이 있는데 동생이 은행 근무시절 전주에 오셔서 맛과 예술 그리고 전통적인 전주의 향기에 아주 좋은 인상이 심어졌다고 덧붙였다.

UN차석 대사인 조현 대사는 친구인 나에게 이번에 우리 고향 한지를 UN에 홍보하는 좋은 계기가 되었음을 축하한다고 말했다. 정말 고맙고 영원한 친구이다.

이번 방미 성과 중 괄목할만한 것은 바로 미 국회도서관과 전주시와의 긴밀한 사업 파트너협의, 미 국회 도서관의 제안을 적극적으로 활용할 경우 전주 한지의 고문서 복원용지라는 고부가가치 사업에 새로운 활로를 개척 할 수 있을 것으로 전망된다.

2003년 북페어로 시작된 인연인데 전주한지의 제작 체험과, 목판본 체험, 고문서 소개, 한지패션쇼까지 진행되었을 때 현지 언론은 물론 축제 참가자들의 주목을 받았다는 점을 우린 자랑스럽게 여기고 싶다.

한스타일 모스크바에 꽃피워

한국적인 색깔이 물씬 풍기는 전주 한지공예품이 모스크바에서 첫 선을 보였다. 빛과 바람을 머금은 천 년의 종이 한지는 천 년의 역사를 지니고 있다.

주(駐) 러 한국대사관과 전북 전주시는 2008년 9월 3일 모스크바 소유즈 호텔에서 전주 한(韓)스타일 상품 전시회를 열고 제작된 각종 공예품을 모스크바 시민들에게 선보였다. 이날 행사에는 이규형 대사를 비롯해 안드레이 부스긴 러시아 문화부 차관을 모시고 모스크바 현지 한국기업체 관계자들이 나와 함께 자리를 같이 했다. 그 자리에서 전주한지를 홍보하기위해 "전주의 자랑거리인 한지의 우수성과 한국의 전통 문화를 홍보하는 기회가 됐으면 좋겠다." 라고 강조한 적이 있었다.

'빛의 종이, 바람의 종이, 달빛 머금은 숨 쉬는' 종이 한지의 쓰임새는 너무나 많아 한지에 푹 빠지게 되면 시간 가는 줄도 모른다.

사람의 손길에 따라 오묘하게 반응하는 한지를 대하다 보면 산에서 따 온 꽃잎과 나무뿌리로 염료를 만들어 쓰니 향긋한 풀 냄새도 나고, 자연 풍경이 담겨져 생활속에 그대로 녹아들어 더욱 고운 빛깔을 내나 보다.

한옥 마루에 앉아 있으면 자연이 느껴진다. 빛과 바람이 통하는 우리 종이 한지로 창과 문을 냈기 때문이다. 자연과의 소통이 이루어지고 이 방 저 방과의 소통이 이루어지는 아름다운 풍경, 어릴 적 신혼 방에 한지 문을 손가락으로 침을 발라 엄지손톱만한 구멍을 내고 그들을 몰래 지켜봤던 일, 아이가 배고파 울면서 문종이를 찢어 먹던 일. 이렇게 한지는 사람과 어울릴 줄 안다.

우리 선조들의 생활 속 지혜도 담겨 있다. 한지를 창호지로 쓰면 문을 닫아도 공기가 통하며, 누누한 장마철에는 제습제 하나 없어도 방 안이 고슬고슬하다. 한지를 살아 있는 종이라고 하는 이유도 여기에 있다.

송광사 마을에 올라가다보면 하얀 닥나무로 만든 한지가 옥양목처럼 햇살에 나부끼며 풍기는 냄새는 어릴 적 어머니의 냄새 같다.

천연 염료를 사용해 만든 빛깔 고운 한지. 요즘은 곱고 아름다운 사람들에게 편지를 쓰거나 선물 포장을 할 때 한지에 나의 정성을 담아 보내고 싶다.

'지천년 견오백(紙千年 絹五百)' 이라는 말이 있다. 종이는 1천 년, 비단은 5백 년을 간다는 뜻으로 통일신라시대 유물인 〈무구정광대다라니경〉이 원형 그대로 보존된 것에서 유래된 것이다.

종이를 만드는 이가 아흔아홉 번의 손을 거치고 마지막 종이를 쓰는 이의 손이 한 번 더 닿아 모두 1백 번 손이 가서 '백지' 라 한다고 한다. 그만큼 종이를 만드는 일은 여간한 정성이 아니면 완성해 내기 어려운 작업이라는 뜻이다.

사람들에게 우리네 아름다운 한지를 알리고 싶어 한지 넥타이 그리고 한지 양말도 소개하고 싶다.

美 국회도서관에 초대받다

당시 대통령 영부인이었던 로라부시가 주관하는 북페어 행사에서 전주한지 체험관을 운영했는데 반응이 워낙 폭발적이어서 도서관 측도 놀랄 정도였다고 한다. 당시 행사를 주관했던 사서와 아이사 관장이 미 국회 도서관 주관으로 전주한지 심포지엄을 주관하겠다고 제안한 것이다. 고문서 보존용지로서의 한지사용도 검토하겠다는 답변도 들었다.

도서관의 장서들을 복원하고 보존하는 용지로 그동안 일본 화지를 사용했는데 한지의 우수성을 확인한 이상 적극 활용할 수 있도록 서로 협조체계를 구축하자고 협의했다.

구한말까지 우리의 외교문서는 한자에 붓글씨를 쓴 형태였다. 그 공문서는 지금 하나의 역사사료, 유물이 되어 귀한 대접을 받고 있다.

그럼 지금 우리 공식문서의 위상은 어떠할까? 워싱턴 문화홍보원의 고민도 거기에 있었다. 워싱턴 문화홍보원은 미국과 한국의 문화교류를 주도하면서 한국문화의 세계화를 위한 지원창구역할을 하는 곳이다

이번 방문을 통해 문화홍보원의 공식문서를 전주한지로 만들기로 확정했다. 우리의 문화자산인 한지를 공식문서로 활용할 경우 역사 깊은 한국문화의 저력을 그대로 보여줄 수 있는 계기가 될 것이다.

뉴욕을 지나 워싱턴으로 한지를 품고 발로 뛰면서 한지의 가치를 새삼 확인할 수 있었다. 그들은 마치 기다렸다는 듯이 전주한지를 맞이했다.

세계인들은 이제 전주라는 도시를 천년의 종이 한지를 지켜낸 도시, 한지를 만들어내는 도시로 기억할 것이다. 도시가 지닌 문화자산은 수없이 다양한 콘텐츠로 재가공되어 문화산업이 되고 도시마케팅을 주도한다. 그래서 세계인들은 무한한 동력을 보유하고 있는 문화도시를 부러워한다. 우리 전주가 자랑스럽고 위대한 이유는 바로 거기에 있다. 그걸 뉴욕의 한복판에서 워싱턴의 중심에서 새삼 확인했다.

실크로드가 동서양의 문화교류를 이루고 새로운 문명을 창출했

듯이 더 늦기 전에 "新 전주한지로드" 프로젝트를 추진하고자 한다.

이번 여정에서 올린 또 하나의 수확이 있다. 뉴욕현지에서 한국의 밤 행사를 준비한다는 소식을 접하고 전주태극선을 적극 제안한 결과 7월 13일, 밤에는 뉴욕 메츠 경기장에서 우리의 부채, 전주태극선이 4만 개의 관중석에서 물결치게 됐다. 이것이 바로 '新 한지 로드 프로젝트'의 세러모니라고 생각한다.

전주가 보유한 문화자산인 한지의 길을 열어 도시마케팅을 이끄는 것, 문화 도시 전주의 한 스타일 산업은 지금 자신에 찬 세계진출을 시작하고 있다.

新 한지로드 프로젝트

뉴욕타임즈가 지난해 한국에 대해 소개한 기사는 이전 것과는 비교가 되지 않을 정도로 많은 양이었다. 뉴욕문화원에서 그 기사들을 모아 『THE KOREAN WAVE』라는 책을 냈는데, 한국의 음식, 예술, 영화 등 그 소재도 다양하다.

세계문화의 중심지라는 뉴욕에서 한국문화에 대한 관심이 높아지는 것은 그만큼 한국문화에 대한 소비층이 늘어나고 있다는 반증이다. 뉴욕 방문 기간 동안 만난 사람들은 전주한지의 UN 관저 리모델링을 대단한 사건으로 받아들였다.

반기문 총장 내외는 전주한지의 다양한 문화상품에 놀라움을 표시했고 UN 대한민국 대표부에서도 유엔 관저와 더불어 건물 메인 홀까지 한지로 꾸며줄 것을 제안했다. UN본부 바로 곁에 우뚝 선대한민국대표부는 프랑스 루브르 박물관의 입구 조형물을 설계하여 세계적인 이목을 집중시킨 이오밍 페이의 작품으로 뉴욕에서도 빠지지 않는 건축물이다.

UN 대한민국 대표부 메인 홀에서는 연일 다양한 만찬과 전시 공연이 이뤄진다. 그때마다 한지등과 한지소품들로 꾸며진 인테리어는 독특하고도 온화한 실내분위기로 사람들의 이목을 집중시킬 것이다.

뉴욕 맨하탄의 중심부에 당당히 자리를 잡고 새로운 문화트랜드로 급부상하는 전주한지를 확인하는 일은 이제 분명 현실이 되고 있다.

워싱턴 미 국회 도서관은 세계 최대 규모를 자랑한다.

'내일의 세대를 위해 모든 지식과 창조물을 모으고 보존하는 일'이 미 국회도서관의 지향점이다. 세계 460개의 언어로 된 1억3천만 점의 자료를 소장하고 있으며 문학회, 음악회, 토론회, 전시회가 열려 일 년이면 평균 85만 명이 방문하는 대표적인 문화시설이기도 하다. 한국 관련 주요 고지도를 소장하고 있어 영토 분쟁 시 근거가 될 수 있는 중요문서들이 화제를 모으기도 한다. 이곳에서 2008년 전주 한지관련 심포지엄을 개최하자는 제안을 받았다.

전주시와 미 국회도서관의 인연은 2003년으로 거슬러 올라간다.

전주천의 노란 물결

'98년 6월 지방선거를 끝마치고 한 자리에 모였다.

도청 앞 '한국집' 에서 전주시 발전과 경영개선을 주제로, 전주천을 아름답게 꾸미기 위한 회의가 자연스레 이어졌다. 전주천은 물론 한벽교와 싸전다리, 매곡교, 완산교, 다가교는 때마침 시민들에게 외면당한 채 각종 쓰레기와 하천의 고약한 냄새로 몸살을 앓고 있었다.

조성사업이 시행되기 전까지만 해도 전주천은 밋밋한 콘크리트 제방으로 각종 생활하수 및 폐수 등으로 인해 생물이 거의 살 수 없는 4~5급수의 구정물 하천이었다. 사랑받지 못하고 버려진 하천을 시민들한테 돌려주고 싶다는 생각이 번뜩 떠올라 쓰레기를 치우고 시민들한테 쉼터 공간을 돌려주고 싶은 고민 끝에 유채꽃밭

조성을 생각해봤다.

몇 해 전, 부안 가는 길에 읍 소재지에서 줄포를 지나치다 좁은 면적에 유채꽃이 만발한 풍경을 접하게 됐다. 활짝 핀 유채꽃을 보고 모든 이들이 행복해 하는 모습을 보는 순간 제주도 유채 밭에 온 듯한 착각을 불러일으켰다. 그래서 즉석에서 강력하게 건의를 했다.

2~3개월이 지난 후 시의 문화영상산업국장 재임 시 서울을 주 3~4회 출장을 오가며 당일치기 프로젝트로 야심찬 그 사업을 해냈다.

전주천은 밤도 없다. 달빛에 물든 노란 유채꽃이 바람에 흔들리며 가녀린 몸을 비벼대는 모습이 꼭 내게 할 말이 있는 듯 보였다.

유채에 관해 일자무식인 내가 유채박사를 찾아가 조르고 공부하는 그 맛이란 안 해본 사람은 느끼지 못하리라.

목포에 근무하는 박사님을 초청하여 유채 환경에 대해 공부하고 전주천의 기후와 모든 조건에 상응하는 유채재배법과 꽃피우기 성공을 위한 전략을 농촌 진흥청의 협조하에 전주천 유채밭 조성 기본계획을 끝마쳤다.

그때 IMF로 인하여 시의 예산이 한 푼도 없어, 우선 공공근로사업단으로 밀어붙여 하천 청소를 말끔히 하고 다음은 돌 고르고 흙을 갈아 붓고 드디어 유채씨앗을 파종하게 되었다.

자식을 키우는 마음으로 날마다 들러 나의 발자국 소리를 들려주었다.

'99년 봄 유채꽃이 필 무렵, 예산 한 푼 없이 협찬을 받아 음악방송으로 축제를 하게 되었다.

감격의 순간이었다.

전주천의 노란 봄은 시작되었다. 유채꽃의 유혹을 받고 수없이 몰려든 인파는 유채꽃과 사람들로 이름다운 세상을 하나 더 만들어주었다.

전주시민들은 물론 외지에서 몰려온 분들에게 실망하지 않도록 포기하지 않고, 유채꽃을 보살피고 산책길을 만들어 드디어 유채꽃을 선보이게 되었다.

행사를 마친 후 후속 프로그램으로 산업화하여 비누와 향수를 개발하기 위해 제주도와 벤치마킹으로 공부했던 일은 역사상 잊을 수 없는 일로 강조된다.

노란 유채 밭에 서면 탄성이 절로 나와 벌어진 입을 다물 수가 없다. 유채줄기는 내 키를 넘으려 하는 것도 종종 있다. 전주천의 옥수 같은 모습은 나의 본 모습을 찾는 데 큰 몫을 하였고 지치고 힘들 때마다 전주천의 노란 유채꽃의 소곤거림은 나를 일으켜주는 청량음료 같았다. 묵은 갈증을 풀어주는 시원함 그 자체였다.

말갛게 변해버린 전주천, 그곳은 봄이면 더욱더 아름답다. 전주천은 언제나 어머니와 같이 포근하고 따뜻하게 존재한다.

체험 통한 축제의 장

상당한 문화적 수준과 교육열을 지닌 전주 시민답게 전주시의 평생학습 참여율은 무척 높은 편이다. 전주시에서는 이와 같은 시민 학습 참여율을 평생학습의 생활화로 정착시키기 위해서 학습에 참여하는 시민 모두가 그 결과를 발표하고 공유할 수 있는 '학습 한마당' 을 2005년부터 개최하고 있다.

올해 역시, 10월 31일부터 11월 2일까지 3일 동안 전주덕진공원에서 '배움, 나눔 그리고 함께' 라는 주제로 '제4회 전주평생학습한마당' 이 열린다.

특히 올해는 전주시내 33개 주민자치센터를 포함한 100여 개 평생학습 기관과 단체가 참가해 150여 개의 흥미롭고 다양한 학습프로그램을 마련하여 시민들과 함께 평생학습 결과 발표회와 전시회, 학습체험 프로그램을 준비하였다. 또한 어렵고 지루한 학습이 아닌 즐겁게 느끼며 스스로 배우는 학습을 지향하는 '종합학습문화축제'로 진행하여 다른 평생학습도시의 축제와는 차별화된 내용을 담게 될 것이다.

독서문화한마당, 시민 한소리 하기, 각종 체험행사, 시민갤러리, 과학특별테마관 등 여러 분야에서 전주시민들이 쌓아 온 실력과 성과를 서로 겨루고, 평생학습의 효과를 시민 모두가 공유할 수 있도록 하여 많은 시민이 평생학습에 참여하게 되는 계기로 삼을 계획이다.

'배우고 때로 익히면 또한 기쁘지 아니한가(學而時習之 不亦說乎).' 하는 공자님의 말씀처럼 전주평생학습한마당을 통해 많은 시민들이 학습의 필요성과 그 즐거움을 만끽할 수 있기를 기대해 본다.

솔가지에 매달린 행복

사람의 마음은 갈대이다. 바람이 불면 부는 대로, 장마가 온다거나 대설주의보가 발표되면 아무 일도 못하고 걱정이 많다.

옛날 우화 중에 우리가 잘 아는 이런 이야기가 있다.

우산 장사 아들과 짚신 장사 아들을 둔 어머니의 이야기이다. 비가 많이 오는 날은 짚신 장사 아들이 장사가 안 되는 것 때문에 걱정하고, 날씨가 좋은 날에는 우산 장사 아들이 장사가 잘 안 될 것을 염려하여 걱정. 그래서 이 어머니는 매일 울었다는 풍자적인 이야기처럼. 이러지도 못하고 저러지도 못하는 경우를 비유할 때 단골메뉴로 나오는 이야기다.

전북 농업발전에 수많은 일을 벌여놓고 농산과장으로 몸담고 있을 때 매일 일기예보만 주시하며 날씨가 어떻게 변화할까 기상재

해에 많은 관심을 쏟고 지낸 시절이 있었다.

업무의 연장인지 모르지만 나의 바람을 가족들도 읽어주어 내가 일기예보를 놓치면 가족들이 대신해주었다. 특히 어린 딸은 아침에 눈을 뜨면 하늘을 바라보며 나름으로 오늘의 날씨를 예보해 주었다.

매일 뉴스를 점검하며 하루를 구상해야 하는 나에게는 가족들과 산행을 하며 바특하게 국물 잡아 얼큰하게 끓인 찌개에 소주 한 잔하고 솔가지에 매달린 행복을 잡아당겨 보고 싶었지만 모두 반납하고 일했던 시절들.

또 문화관광국장으로 일할 때 역시 모든 행사가 주말에 이루어지니 다른 계획은 세우지 못 하고 오로지 그 일에만 매여 생활해 왔다.

우리 가족들도 그 시절엔 모두 문화를 즐기는 사람이 되어 모든 창작이나 공연, 예술마다 정보를 주고 모니터링을 해주고 서로의 화제로 소통했었다. 예쁘면 모든 것이 용서된다는 호감의 법칙을 안 탓인지 바쁜 일과 속에서 친구, 가족, 지인들이 같은 관심사를 가지고 인간심리를 여실히 보여주었다. 그리고 한때는 '사람이 곱나, 일이 곱지.' 란 말로 날 놀리기도 하였다.

사람에게서 진실로 아름다운 것은 얼굴에 있는 것이 아니라 얼마나 일을 성실하게 하는가에 있다는 뜻으로, 일을 잘하는 사람을 칭찬하거나 일을 잘 못하는 사람을 비난할 때에 이르는 말로 일만 안다고 친구들 사이에서 유행했었다. 경제통상국장으로 일할 때도 마찬가지였다. 신문을 받아들면 제일 먼저 경제면을 찾아 나도 모르게 읽고 있는 게 아닌가?

주어진 직책에 따라 보는 시각이 다르니 완전히 함몰하여 일하면서 그 분야에 전문성을 키우고 탁월한 기획력과 추진력 그리고 남다른 친화력으로 근무하는 곳마다 웃음제조기가 될 때도 있고, 어느 날은 쩌렁쩌렁한 목소리로 일을 해내야 하고, 연극배우로 경제박사로 일기를 예측하는 사람으로 변하게 하는 공직 30년 동안 농업경쟁력 향상에 중추적인 역할과 젊음을 바치고 다양한 분야를 경험하면서 전문가들과 만나 전문성을 학습하며 지냈던 공직시절이 나에게는 크나큰 축복의 시간이었다.

세월의 한 모서리를 접고 그 안에 앉아 정담을 나누고 싶은 시간보다는 공적인 업무에 무게가 더 실린 걸 어이하랴.

전주국제영화제 안과 밖

전주는 영화의 도시로 잘 알려져 있다.

'70~80년도에는 전주에서 영화촬영을 많이 했기에 명실 공히 전주는 최고의 국제영화제를 만들 수 있는 자원이 충분하다.

최민 위원장님과 시나리오 작가인 송길한 고문님을 모시고 수차례 논의 끝에 부산, 부천에 이어 세 번째로 전주국제영화제를 개최하기로 결정을 본 것이다.

새로운 컨셉을 잡기 위해 서울로 출장 다니면서 계속 메모하고 장명수 총장님과 alternative 영화제에 관해 고심하며 해박 명료한 해답을 내놓기 위해 많은 날을 지새웠다.

기존상업성 영화에 대응하는 영화제가 경쟁력을 갖는다는 게 이해는 안 되지만 미래지향적인 그분들의 말씀에 동의를 하였다.

영화제의 준비를 위하여 밤샘작업을 통하여 끝이 나지 않을 만치 열띤 토론을 하며 정초왕 교수와 김은정 부장, 제작자인 차승원님. 문성근님. 최민 교수님 등이 실무현장에서 몸을 아끼지 않고 도와주신 민병욱 교수님과 김선희님, 그리고 노상훈님 그런 팀원들의 열정이 있었기에 힘든 작업이었지만 대단원의 막이 오르게 되었다고 생각한다.

기존의 영화제와는 달리 영상미학 및 기술 등에서 남다른 전망을 제시해 주는 영화들을 선정하며 다양한 국가들의 영화가 선보이도록 하였다. 그것은 디지털 영화가 가능하게 만들어 주리라 믿기 때문이다.

전주국제영화제는 2000년 제1회 4월 말에 시작하여 열흘 동안 전주를 영화 속에 푹 빠져 모든 만남의 장소는 그게 화두로 시작되었다. 기존의 영화에서 탈바꿈하여 대안디지털을 도입하여 그러한 컨셉을 가지고 당당히 시작되었다.

그것은 이제부터 만들어질 미래에 대한 꿈과 그 안에서 자유로이 생성하는 의지의 표현 즉, 이 축제에 참여하는 영화감독들과 모든 영화 매니아가 함께 만들어가는 대화의 장으로서의 만남이라는 의미부여를 하고 싶다. 전주국제영화제를 대안이라고 부르는 이유였으며 이미 주어진 것을 뛰어넘고, 영화의 역사를 재조명하고, 그것을 통하여 감각의 형상과 정서의 자장을 무한정 넓히려는 우리들의 비상은 이제부터 시작이다.

그동안 전주국제영화제는 일반 상업영화에서는 보기 힘든, 새로운 영화미학과 기술을 추구하는 대안 영화를 관객에게 소개하는 영화제로 그 위상과 지위를 세계적으로 인정받고 있다.

'인디비전' 과 '디지털 스펙트럼' 을 통해 독립영화들의 무한한 가능성과 디지털 매체와의 소통을 실험해 온 전주국제영화제의 경쟁 섹션이 하나로 통합된다고 보면 이해가 빠를 것이다.

전주국제영화제의 간판 프로젝트로 성장한 '디지털 삼인삼색' 은 아시아를 넘어 유럽으로 그 영역을 확장을 하여 디지털 미학에 대해 더 깊고 진지하게 고민한 결과로 탄생한 좋은 작품들이 선을 보일 것이다.

한국 영화를 새롭게 만나는 장 전주국제영화제만의 특별한 선정기준으로 가린 한국영화들이 소개된다.

장족의 발전을 거듭할 전주국제영화제에 새로움과 다름을 보여주는 한국영화들이 국제적인 맥락에서 어떻게 수용되고 소통될 것인가를 고민하는 섹션이기도 하다.

또 하나의 국제영화제가 필요한 이유는 세상에는 수많은 영화제가 있다. 카페 한 자리에 스크린을 만들어 자신들만의 영화를 즐기는 동네 영화제에서부터 세계 유수 감독들의 작품을 한 자리에 모아 많은 관객의 영화 열망을 채워주는 국제영화제까지. 이런 점에서 전주 국제영화제는 그들과 차별성을 가지고 좀더 숙성된 작으로 세상에 나오려 한 것이다.

전주 국제영화제는 똑같은 모양새로 영화를 보고 즐기는 방법론에서 벗어나고자 했으며 전주국제영화제는 전 세계 영화의 흐름을 관객들한테 시각적으로 보여주고 싶었다. '젊고 신선하며 색다른 재미가 있는' 축제의 장으로 선보이고 싶은 욕심만큼 화려하게 잘 마칠 수 있었다.

힘든 작업이었지만 기초 작업을 마치고나니 각 분야별로 열심을 다해주어 속도감은 엄청 빨라 시민들의 참여도가 아주 높은 전주 국제영화제였다.

다소 미진한 부분은 해가 거듭할수록 채워지리라 믿고 요즈막에 우리가 심적 부담을 느낀 만큼 이어지는 작업도 기쁘고 행복하기만 하다.

무전여행의 추억

고등학교 1학년생 아들을 둔 모든 부모에게 묻고 싶다. 만약 아무런 말없이 혼자서 무전여행을 떠났다면 부모의 심정으로 어떻게 표현할는지.

맞다! 난, 분명 고1의 나이에 어울리지 않게 미리 어른들의 흉내를 내며 살았으니 할 말이 없다.

무전여행의 사전적인 의미는 여행에 드는 비용을 가지지 아니하고 길을 떠나 얻어먹으면서 다니는 여행이다. 남원에서 송광사를 가기 위해 순천역까지 가는 동안 동국대에 재직 중인 스님을 만났다. 깊은 산속에 어둠이 짙게 내리기 시작하였다. 송광사 주지스님을 만나러 가신 스님이 하산하지 않아 스님이 늦은 관계로 잠 잘 곳이 없어졌다. 어린 나이에 빛이 보이지 않는 산속에서 숨을 죽이며 있노라니 막차의 불빛이 나를 환히 부르고 있었다. 마침 나를 도와 줄 것 같은 수호천사의 여대생을 만나는 순간 온몸이 떨려왔다.

사정 이야기를 들은 누나는 민박집에서 좁은 방 하나를 구해 주어 지친 몸을 풀고 새우잠 반 꿀잠 반을 잘 수 있었다. 그 누나는 여성의 몸으로 홀로 지리산 종주에 오른 모양이다.

다음날 계룡사에 가던 중 버스에서 만난 경상도 여학생들과 동행을 하며 칠흑 같은 어둠 속을 헤매다가 민박집에 겨우 도착하였다. 생면부지 여학생들과 모닥불을 피워놓고 밤새 등산로도 없는 동학사까지 밤길을 혼자 방황하며 인가를 찾지 못해 계곡물소리를 친구삼아 겨우 민박집을 찾았던 과정을 이야기하며 심적으로 얼어붙은 나의 모든 고통을 모닥불에 태워버렸다.

그 인연으로 인하여 고마움을 잊지 못하고 부산동아대학교에 재학 중인 누나와 한 동안 편지를 주고받으며 재미있는 학창 시절의 한 페이지를 장식했다. 쉼표 없는 삶이지만, 고통스럽고 힘든 무전여행을 통해서 좋은 인연이 되었다.

오십이 넘은 나이에 지울 수 없는 추억을 꺼내들고 '겨울 나그네' 를 감상해 본다.

눈부셨던 청춘의 그림자

해양대학교 배지를 달고 싶었다.

고교 시절 장래 희망 칸에는 어김없이 마도로스로 기입하고 거울을 보며 하얀 모자와 멋진 색안경을 상상하였다. 5대양 6대주를 항해하고 나의 젊음을 푸른 바다에서 미역가닥처럼 휘날리고 싶어 친구와 공부를 열심히 하였다.

최종성 친구와는 중, 고등학교를 같이 다닌 터라 대학도 꼭 같이 가자고 굳은 약속을 하고 해양대에 응시를 했다. 서로의 교복도 바꿔 입고 명찰도 선명하게 바뀐 채로 기념촬영도 했다. 영원한 우정을 위하여…….

신체검사에서 시력이 문제가 되고 어머니의 심한 반대로 한동안 방황을 하였지만 그 아픔의 상처는 날 한없이 고통스럽게 질질 끌어가고 있었다.

친구는 졸업 후 외항선 선장이 되어 뉴질랜드에서 가정을 꾸려 살다가 지금은 싱가포르에서 잘 살고 있다.

이유야 어떻든 마도로스가 꿈이었던 나는 외항선을 타지 못하게 되었으며 내 인생이 제2의 방향을 찾아 혼란을 겪다가 대입 원서 마감에 임박하여 담임선생님의 반 강요를 뿌리치지 못하고 원서를 작성하여 서울대학교 농대에 진학하게 되었다. 내 인생은 공직으로 사는 운명이었나 보다. 그래도 가끔 학창 시절의 꿈은 잊지 못하고 있다. 그래서 4년 전, 그 친구를 찾아가 술 한 잔 나누고 옛 추억을 되씹으며 푸른 바다를 헤치고 나가는 모습을 떠올릴 수 있는 낭만을 그려보았다.

그토록 간절히 꾸었던 꿈은
유난히 내 맘에서 멀리 벗어나
언덕을 힘겹게 오르고 있습니다.

잔뜩 찌푸린 하늘에선
금방 하얀 눈이 쏟아질 것 같습니다.
하얀 눈이 꿈에 내리면 그나마 애써

잡아놓은 꿈들이

어지럽게 흩어져 버려
아주 망각의 시간뿐일 텐데……
미래의 성공을 보며 꾸었던 꿈,
아름다운 사랑을 보며 설렘으로 꾸었던 꿈,
작은 염원에 대한 꿈들,
망각의 시간이 날 지배하면
환희 속에서, 눈물 속에서 꾼 꿈들이
하나씩 둘씩 잊혀져가는 아픔일 것입니다.

노동자의 가치를 생각하며

'노동자의 실태' 라는 주제로 종로 가톨릭센터에서 강연이 있었다. 내 고향인 익산의 태창 섬유, 아세아스와니 노조 등의 이야기가 나오니 더욱 실감이 나고 오랜만에 마음의 여유를 찾으며 경청하게 되었다.

또한 서울대 농대 학생들이 가톨릭농민회 주선으로 농민을 초빙하였다는 사회자의 멘트에 내 마음은 서울농대 출신이라는 긍지와 뿌듯한 마음을 가질 수 있었으며, 사회가 요구하는 젊은이가 되어야 한다는 생각을 하니 가슴이 갑자기 뜨거워지기 시작했다.

이 밤은 참으로 부담 없이 좋은 밤이다.

낙숫물 소리가 사분의 삼 박자로 떨어지니.

그녀가 그리워지는 밤이다.

이 강연을 같이 들었다면 그녀에게 인생살이에 있어 나의 가치기준에 대해 쉽게 이해(comprehension)하고 지지해 줄 텐데 말이다.

참당암* 시절 1

— 入寺의 날

칠월의 날씨답게 맑은 후 흐림이다.

긴장이 나를 유달리 일찍 깨운 아침.

7시 34분발 송정리행 완행열차는 거의 한 시간이나 늦게 출발했다.

이제부터 나는 제1차 목표지를 향해 행군을 시작했다. 나에게는 주위의 후원도, 물과 식량도 많지 않았지만 흔히 말하는 신념이라는 것으로 충만한 상태이다. 커다란 트렁크 하나와 조그만 백을 좌우 손에 번갈아 옮겨들면서 정읍 역에 내려 버스터미널로 간다. 고독한 혼자만의 시간을 위해.

고창에 도착하여 2시간여를 기다려 선운사에 도착했다. 주위의 모습은 전에 왔던 때와 비교해 다르지 않았지만 한 가지 서운함은 그때 10월은 춘란으로 가득했던 산들이 지금은 보이지 않는다는 것이다.

본절에 들러 인사를 마치고 동행인을 만나게 되어 같이 참당암에 이르렀다.

52회 선배로 연대공대 2년 김○○ 형과 땀으로 속옷을 적시면서 도착한 후 최○○ 스님을 만나뵙고 말씀 여쭌다. 쾌히 승낙.

이곳에 있는 학생들과 인사를 나누는데 내가 제일 어린 느낌이 들었다. 얼굴 생김새부터 그만그만하고 생각의 방향도 거의 같았다. 명당 얘기와 스님과 보살님 얘기에다 술과 중의 얘기에서 문학론에 이르도록 얘기를 나눈다.

저녁식사 후 산에 어둠이 짙어올 때 다른 부운의 세계에 온 확신감을 가지게 되고 한차례 비까지 내리면 그 감정은 더해지고 만다.

형의 도움이 대단하다. 사람들은 많이 비슷하다. 많은 공통성을 내포하고 그 공통성의 범위가 크면 클수록 가까이 알게 되는데 그 관계 사이에는 꼭 관계명이 따르게 마련이다.

동창, 동향인, 동씨 등등이다.

촛불은 어느 때는 활활 타오르다가 때로는 촛농에 의하여 꺼질듯 어둡게 되는 때가 있다. 일정하지 않은 불빛이지만 어둠을 밝혀주리라 믿는다.

목적을 달성하기 위해 세상을 가볍게 살지 않고 목표대로 노력하면서 기나긴 여름한테 도전장을 내겠다.

가치있는 것 대부분은 부딪혀야 얻을 수 있음에 사력을 다해 보겠다.

* 참당암

참당암懺堂庵은 고창선운사에 속한 암자 가운데 하나로, 죄를 뉘우치고 참회하는 곳이라는 뜻이다.

참당암 시절 2

이곳은 관광객이 오지 않는다. 그리 먼 거리는 아니지만 찾아오기가 힘이 든다.

아침식사 후 공부하는 것은 적지 않은 수면을 취했음에도 불구하고 피로하고 공부에 잡념이 떠오려고 할 때쯤 되면 점심식사가 마루에 와 닿는다.

11시 25분. 조반을 마친 지 4시간 만에 점심을 먹고 저녁 7시가 넘어야 저녁식사를 하게 되니 뭔가 잘못된 것은 사실이다.

점심 후 한 시간 정도의 낮잠에 빠지는 것은 육체상 피로를 모두 발끝으로 내보내는 것 같아서 좋다.

우물가의 동백은 짙푸르게 잎사귀를 보이고 뒤안의 감나무들은 조그마한 감들을 올망졸망 매달고 있다. 퐁퐁 솟아나는 시원한 샘물을 떠와 미숫가루라도 타 먹을라치면 팔용상회의 냉막걸리 생각이 나는 것은 당연하겠다.

온갖 이름모를 풀벌레 소리에 새가 곁들은 심산유곡의 심포니는 바하의 교향곡 7번 G단조에 나왔던가. 두보의 글이 산기슭 병풍에 떠오르고 외솔 하나가 짙푸르게 위풍을 과시할 때는 꼭 저녁 해질 무렵이다. 한국의 가을 하늘을 자랑하지만 참당암의 오늘 해질녘은 명부전 위의 경치와 비할 바 아니다.

하규씨의 구성진 처녀자살 얘기는 종대씨와의 말싸움을 만들어 내고 문규씨의 중재가 끼어들게 되면 절정에 이른다.

환갑이 넘은 스님은 댓 병 소주를 즐기며 밤낮 일만하니 몸이 축날 수밖에 없다. 해산스님의 독백은 경지에 이른 노스님의 행동이라기보다는 청량리 뇌병원의 307호실 환자의 중얼거림인 것만 같으니 그 까닭은 무엇일까. 보살님의 행동이 아리송하다.

분홍색의 난초(좌우상칭)와 접시꽃이 만개한 대웅전 화단을 돌보는 영주씨. 성실하기는 그만이요, 주관이 있는 사람이다.

내가 딸이 있다면 그런 사람한테 선뜻 내주겠다.

허허허.

참당암 시절 3

16일 밤 11시 20분 최해산 스님 열반하시다.

보살님이 급히 종대씨를 부르는 소리를 듣고 선뜻 떠오르는 예감은 스님의 병환이 심하여 혹시나 하는 것이었다. 잠시 후 잠들려고 이부자리를 펴는데 영락이가 부르는 소리에 급히 문을 박차고 스님의 방으로 들어갔다. 보살님의 울음소리가 벌써 스님의 열반을 암시해주는 듯 고요한 심산 골에 울려 퍼진다.

종대씨와 더불어 스님의 열반을 확인한 우리는 시신을 옆에 둔 무서움보다는 허망함 뿐이었다. 종대씨와 현창씨는 본 절과 전화를 하기 위해 산을 내려가고 기동씨와 나는 학식씨와 같이 스님의 싸늘한 주검을 지켰다. 친자식 한 명 없는 스님. 쓸쓸함은 너무 컸다. 새벽 2시가 훨씬 넘어서 종대씨가 돌아오고 그 사이에 나와 기동씨 그리고 보살님은 스님의 발에 양말을 신기고 몸을 묶은 다음 옮겨다 놓고 병풍으로 가로막아 놓았다. 깨끗이 방을 치우고 상을 차려 놓은 것은 내가 전에 배운 것이 아니고 눈에 익힌 것도 아니었다.

처음 만지는 시신과 처음 당하는 이런 일에 나도 모르게 동정심이 빛을 발하고 스님의 손자나 되는 듯 정신없이 해냈다. 한참 후에 본절의 두 스님이 올라와 금강경을 밤새 외워댔다. 초파일에 불을 밝히는 등을 명부전에서 몽땅 내어다 이곳저곳에다 달고 거의 날을 샜다.

17일은 하루 종일 우울했다.

친척 한 명도 오지 않고 스님과 연천洞 일꾼과 아줌마들이 와서 도와주는 정도이다. 비참한 스님의 최후, 냉정한 것은 종교인지 현실인지 도대체 모르겠다.

밤 늦은 시간에 몇 명 조카들(형님 딸)이 몰려오고 친척들의 곡은 괜한 무질서를 창조해낸다.

다음날 하규를 비롯한 학생 넷이서 정읍에 나가 장의사를 불러왔다. 스님은 이렇게 아무런 말없이 떠나셨다.

16일 오전에 우리를 부르던 스님의 목소리는 이제 영원히 들을 수 없다. 나의 책상에 다리를 만들어 의자에 앉아 공부하도록 하겠다던 스님. 그 스님의 일생은 아무도 모른다. 아마 자기만 알고 자기가 그곳으로 가서 부처님에게만 알려주려고 했으리라.

나흘째 접어든 오늘은 다시 조용해진다. 사람은 地, 火, 水, 風으로 되었다고 하는데 그 스님의 본체가 우리 주위의 환경에 와 있는 것 같다.

참당암 시절 4

절에서 나갈 날짜가 가까워지니 며칠 동안은 마음을 잡고 공부에 전념하기가 힘이 든다. 새로 오신 김해선 등 몇 분의 입소식(신고식)을 겸해서 우리 환송회를 자연의집에서 갖기 위해 모두들 내려갔으나 비가 오는 관계로 운동장 사용이 금지되었다. 별수 없이 도솔센터 방에서 어울리다가 올라왔다.

점심 후 예정대로 영국씨와 박○○, 윤○○ 씨 등과 도솔산 일주에 나서 홍술재로 가서 낙조대의 정상에 올라 서해를 한눈에 내려보았다. 천마봉으로 달려가 계곡을 바라보니 어디선가 본 미국의 폭포 같더라.

용문굴 지나 암각석가상과, 상도솔에 올라가 말발굽자국을 보고, 도솔암 암자에서 시원한 샘물에 목을 축인 다음 진흥굴(진흥왕 유래)을 지나 나의 집 참당암에 이른다.

한겨울 수북이 쌓인 눈 속을 걸어 천마암에 이르러 천지를 구경한다면 우리 강산의 멋을 다시 한 번 새길 수 있을 것 같다. 나에게 그런 여유있는 생활이 앞으로 올까? 의문이다. 마음이 건강해야 몸이 건강하다는 말이 있는 이유를 알 것 같다. 무기력해진 이 몸을 목적지까지 끌고 갈 수 있을지 걱정이다.

참당암 시절 5

하늘만 보이는 암자에 도착한 지 딱 한 달이 지났다. 작년 여름에 있었던 병영집체훈련의 열흘간은 어찌 그렇게도 길었던가.

올 여름의 한 달은 예년과는 다르게 단조롭고도 만족스러운 생활이었다.

암자의 생활도 오늘로 끝을 맺고 다시 돈과 권력과 싸움의 사회. 소음의 그 사회로 내일은 들어가야 된다. 지난 한 달을 되돌려 생각해 보자.

나의 목표는 어느 정도의 성과가 있었는지 자신에게 되물으면 90%, 90점이라고 대답하면 무난할까.

20일 이후부터 정신집중하기가 힘들었다. 굳이 정신집중하기 위해 노력은 하지 않았다.

이곳에 와서 얻은 것은 첫째 공부였고 둘째는 인간과의 만남과 그들과의 인연이다. 올 여름은 나보다 더 훌륭한 모습으로 그려질 사람들을 만날 수 있는 기회를 나에게 선물로 주었다. 특히 그 중에서도 손영국 씨는 젊음의 패기와 멋이 있다. 영원히 사귀어 보고 싶은 사람, 겸손하면서도 절도가 있는 사람, 남을 존중하면서도 자신도 존중 할 줄 아는 사람, 심장이 끓고 정의가 불타는 사람.

마지막으로는 절 생활 경험이다. 일반 사회에서 나누는 대화의 주제와 이곳 절에서 나누는 주제는 다르고, 다르지 않다면 달라야 한다는 생각을 한다.

공부만 하는 벌레들이 모였으니 만남은 고작 식후의 짧은 대화 속에서 남을 발견하려 무단히 노력한다. 절 생활 3년이면 어느 정도 결론이 나올 것 같다.

스님 열반 후 심적인 조그만 갈등(무서움 포함)도, 혼자 법당 부처님 앞에 꿇어 앉아 참회의 시간을 갖는 것도 인생의 한 페이지로 기록될 것이다.

내일부터 또 새로운 생활, 오늘도 벅차고 내일도 벅차다.

혁명가의 마음으로 성인의 행동을 내일부터 다시 실천하는 것이다.

한 달간의 情이 나를 괜히 이상하게 만든다.

그러나 나는 조선인이요, 나는 자유인이다.

나는 어느 곳에서도 삶을 영위하면서 생을 즐기리라.

위하여. 위하여.

어제 가르쳐준 노래를 영국씨가 다 알기를 바라면서~

어머님, 내일 가서 뵙지요. 안녕히 주무세요.

깊은 가을날

멍한 상태가 계속되는 요즈음 일기조차도 쓰기 싫어졌다.

건강이 좋지 않아 몸무게가 평균치의 마이너스 7kg이나 되는 바람에 정신적으로도 큰 충격이었다. 어느 것을 해야 하고 이 시간들을 어떻게 메워야하는가 갈피를 못 잡고 친구와의 대화도 없고 신문을 보고 싶지도 않고 누나에게서 선물을 받고도 편지 한 장 쓰기도 싫으니 내가 탈바꿈하고 있나 보다.

라디오의 음악은 나를 권태에 빠트리고, 학교에서 교수의 강의는 더더욱 나를 싫증나게 하며 주위의 자연마저도 나를 업신여기고 있는 것 같다.

왜 그런 생각에 빠지고 있을까? 시험 때문일까, 인생 때문일까?

사회대에서 발생된 학생운동이 관악을 휴교하게 만들고 농대의 경헌제 보이콧은 그대로 하루 만에 아물고 말았으며 우리 친구들의 만남은 단절되었다.

중정에서 나오고 형사가 학원 내에 들어와 감시의 눈초리를 보내는 이런 곳에서 우리는 무슨 짓, 무슨 말을 해야 하고 또한 어떻게 하는 것이 옳은 것인가.

과대표, 써클장, 최고급 문제친구들을 낙향시키는 사태가 일어나고, 관악 친구들이 쫓겨 다니고, 끌려가고, 심문을 당하고 감옥에 묶여 있는 사태.

누가 만들었나? 누구의 책임인가? 친구들. 친구들.

잠만을 요구하고 묵언만을 바라는 생활이 언제나 그치려나. 무엇으로 하여금 해소시켜줄까. 젊음의 팽배가 터질 때는 무엇이 손해를 보고 무엇이 이익이 될까. 터질 것 같다. 이제는 나타낼 때가 분명히 왔다.

위로부터의 이러한 자극적 압제는 우리 학생들을 원래의 분위기 끌고 가기 쉬우며 이렇게 되면 이제까지 우리의 노력은 헛수고가 된다. 다시 분위기를 형성하고 자신들을 관심의 영역으로 이끈다면 시간낭비요, 젊음의 낭비다. 우리 모두의 인생이 낭비된다.

싸우되 빨리 싸워야 한다. 의식에서 무의식으로 환원될 안타까운 친구들!

점진적으로 긴장 분위기를 형성하는 방법, 농대에서는 실패다.

오히려 자극적 방법 즉 파상적인 방법을 사용했다면 오늘같이 일이 벌어지지는 않았을 터지만 자극을 창조할 주체는 소수인 법. 그 소수자가 나타나지 않음은 별 수 없는가?

나도 썩고 모두 썩었다. 선배도, 교수도 모두 다.

자, 향하자! 자연으로 향하자. 울분….

자유로 향하자. 평등으로 향하자. 정의로 향하자.

슬픈 날의 왈츠

나를 슬프게 한다.

나를 외롭게 한다. 오늘의 내가 나를 외롭게 한다.

며칠을 불안하게 지내며 구한 방인데 하필 방 수리 때문에 나가라니 한 달 안의 시험이 나를 더 압박하는데 거처마저 완전치 못한 내가 불쌍해진다.

견디고 참자.

즐기고 이기자.

오늘의 나는 내일 내가 아닐 테니까.

한국 인정이 남아 있는 곳으로 가자.

그곳은 흙 속의 마을. 어떡해야 할까.

슬퍼지는데 뭐 하러 글을 쓰지.

젊음, 그 소중함

서른 살!

80년 2월 26일 대학을 졸업한 후, 이 몸은 얼마나 삶에 충실했으며 내 의지대로 한 일은 그 무엇이며 뜻대로 안 되는 일은 무엇 무엇들이었나.

80년 서울에서 부민문화사 편집 일을 보며 그해 초 그룹지도 일도 했는데 그해의 가장 뜻 깊은 일은 내 이름 석자가 박힌 책이 출간된 일이다. 이 책이 얼마나 팔리든 내용이야 부끄럽기 짝이 없지만 활자가 되어 내가 만들어낸 책이 감히 세상에 몸을 드러내 놓았을 때 그 기쁨은 그해의 최고 기쁜 일이리라.

문인들이 글을 쓰고 자기도취에 빠져 시집을 내고 소설을 쓸 때의 마음도 어림짐작 할 수도 있을 것 같다.

기대 속에서 하루하루 넘기던 서울의 80년 가을에 들어서면서 지루한 감이 들 때 국가는 나를 불렀다. 10월, 우선 공무원이 되기 위한 준비 과정으로 수습의 첫발을 내디뎠고 기술고등고시로는 최초로 단독 관리자 과정 연수가 시작되었다. 대전에서의 공무원이 되기 위한 교육훈련과정 중에 그해가 마무리되었다.

1981년은 풋내기지만 젊음의 무한한 가능성(possibility)을 가진 뜻을 같이 하는 초년 공직인(민영진, 유명상, 이기식 형, 이성우, 건설부 정내삼)들을 사귀는 해였다. 전국의 각 산하기관을 출장하면서 보고 느낀 것은 내 삶을 알차게 해 주었다.

기안문 한 글자 한 구절에 따라 전국적으로 영향을 미치는 업무를 보면서, 공인의 긍지와 더불어 책임도 느낀다. 81년은 뭐니 해도 경상도 김천 타지에서 생산과 직원 150명을 이끌어 갈 때의 일을 잊지 못한다. 81년 8월 여름 김천을 떠날 때의 일들이 요즘에도 자주 눈에 어른거리는 것은 아름다운 추억 한 페이지로 남아 있기 때문일 것이다. 섬마을 선생님 같은 분위기였으니까.

1981. 8. 15 ~ 83. 9(25개월). 이 기간은 되새기고 싶지 않은 생의 공백 기간이다.

논산에서 한 달, 광주에서 석 달, 강원도에서 그 추운 겨울에 하루하루를 씹어 먹었던 긴 겨울날. 보초서다 총을 잃어버린 흰 눈이 살살 내리던 날의 빤빠라, 창고 속의 쥐들과의 대화가 이루어진 겨울밤은 길고도 길었다.

보급 수령 최 중위와 김홍선과의 만남, 보급부대 아저씨들 중엔 고향이 남원인 아저씨도 있었다. 장성들과 장교들의 허위의식에 대한 환멸과 하루하루 x 표로 지워가던 나날들…….

장교지망 포기를 잘 했다고는 하지만, 그것에 대한 열정은 뜨거웠다. 푸른 제복에 가려진 의식의 획일이 지금도 가엾게 느껴진다.

公務員이 어디 따로 있는가

— 나의 애송시①

미당 서정주

民草라면
우리는 모두 民草다
공무원은 무슨 특별한 것인가
풀 옆에 풀로
서로 도와 의지하고 사는
民草에 불과하다
보통 民草보다
좀더 고단한
民草에 불과하다

별이라면

우리는 모두 별이다
공무원은 어찌
딴 것일 수가 있겠나?
별 옆에 별로
어둠을 비치고 사는
빛나는 별에 불과하다
여늬 별들보다
좀더 빛나야 하는
고단하다면 고단한 별이다

是非 다툼보다는
合意로 늘 재생해야 하는
풀들이요
또 별들이라야 한다

나와 남이 아니라
늘 우리여야 하는
한 겨레일 뿐이다
공무원이 어디 따로 있는가?

껍데기는 가라

— 나의 애송시②

껍데기는 가라
사월도 알맹이만 남고
껍데기는 가라

껍데기는 가라.
동학년 곰나루의, 그 아우성만 살고
껍데기는 가라

그리하여, 다시
껍데기는 가라
이곳에선, 두 가슴과 그곳까지 내논

아사달과 아사녀가
중립의 초례청 앞에 서서
부끄럼 빛내며
맞절 할지니

껍데기는 가라
한라에서 백두까지
향그러운 흙가슴만 남고
그, 모오든 쇠붙이는 가라

(신동엽, 작)

대학 시절 첫 번째 암송하며 다닌 시가 유일한 신동엽 씨의 「껍데기는 가라」 이다.

반백 년이 지난 나이지만 잊을 수 없다. 틈틈이 외우게 된 동기는 대학생활 동안 이념적인 기러기(흥사단)에서 나의 작은 꿈을 키워 가고 있을 무렵 사회개혁 시각에서 역사와 기존 체제개혁과 실질적인 형식과 부각을 깨고 개혁적인 차원에서 통일과 민주화를 위해서 모든 허위와 맞설 것을 외치며, 우리가 성취해야 할 민족적 과제가 무엇인가를 고민하고 있었을 때 우연하게 접한 민중시였기 때문이다.

신동엽이 지은 짧은 서정시. 우리의 역사 속에서 일어났던 여러 의미 있는 사건들 가운데서 허위적인 것이나 겉치레는 사라지고 순수한 마음과 순결함만이 남기를 바라는 마음을 직설적으로 노래한 작품이다.

민중시로 이 땅에 세포분열을 정착시키는 데 선구적 역할을 한 그는 서구지향의 모더니즘과 전통지향의 보수주의가 양립하는 한국의 시단에서 역사와 현실에 대한 자각과 그것의 시화詩化를 통해 시인은 민족의 분단과 그 모순의 현실을 단 열일곱 줄에 자기가 주장하고 있다. 사회에 대해 말하고자 하는 이 시는 시적 경제를 할 줄 아는 기술이 숨어 있고, 지성적으로 할 말을 하고마는 독특한 언어가 있는 시이며, 이 시는 강인한 참여 의식이 깔려있어서 이 시를 읊조리다보면 내 살이 찢어지는 아픔을 느낄 수 있는 아주 강한 시이다.

아마 이 시인은 4 · 19 혁명의 체험이 이 시의 창작 계기가 되었을 것이라고 믿는다. 그 시대를 더듬어 올라가면 나는 나라를 걱정하며 차디찬 새벽이슬이 내릴 때까지, 좁은 골목길 선술집에서 머리에 쥐가 나도록 나라를 위해 숨을 확확 내뱉고 싶다. 자기가 하는 것은 모든 게 다 옳고 상대방이 하면 무조건 틀리다는 그런 잘못된 고정 관념을 깨고 갈등을 증폭시켜 국민들에게 실망을 안겨주는 잘못된 편견과 선입견보다는 진실한 사랑이 필요한 이즈음, 껍데기만 가득 찬 이 시대를 어떻게 재조명할지 모르던 때, 내 인생의 전환점을 가져다 준 시이기에 이 시는 언제나 두 주먹을 쥐고 큰 산을 향해 소리 높여 외친다.

껍데기는 가라. 껍데기는 가라. 껍데기는 가라.

이 순간

— 나의 애송시③

피 천 득

이 순간 내가
별들을 쳐다본다는 것은
그 얼마나 화려한 사실인가.

오래지 않아
내 귀가 흙이 된다 하더라도
이 순간 내가
제9 교향곡을 듣는다는 것은
그 얼마나 찬란한 사실인가.

그들이 나를 잊고
내 기억 속에서 그들이 없어진다 하더라도
이 순간 내가 친구들과 웃고 이야기한다는 것은
그 얼마나 즐거운 사실인가.

두뇌가 기능을 멈추고
내 손이 썩어가는 때가 오더라도
이 순간 내가
마음 내키는 대로 글을 쓰고 있다는 것은 허무도 어찌하지 못할 사실이다.

골짜기의 百合

— 나의 애송시④

진실한 사랑은
영원하고 무한하며
항상 그대로의 모습이에요.
사랑은 한결같고 맑으며
격렬하게 겉으로 드러내는 것이 아니에요.
백발이 되어도 변치 않으며
마음은 여전히 젊은 것이에요.

– 발자크 作「골짜기의 百合」 중에서

사노라면

— 나의 애창곡

이제 먼 길을 떠나려 합니다. 길의 종착지는 같지만 조금은 색다른 길을 가려합니다.

왜 그리도 주위 사람들에게 못했던 것만 생각이 나는지 모르겠습니다.

잠시 갈림길의 쉼터에 앉아 걸어왔던 길을 되돌아봅니다.

통기타 치며 겨울나무를 부르다보니 여러분들과 그 길을 걸으면서 뾰쪽한 돌이 되어 여러분에게 상처를 주지 않았는지 뒤돌아봅니다. 만약 상처를 주었다면 땅에 엎드려 여러분을 보듬고 싶습니다.

저를 향해 한쪽 방향을 같이 바라본 여러분들인데 부끄럽고 죄송한 마음뿐입니다.

여러분이 힘들고 지쳐있을 때 친구가 되어 아픔을 같이 했는지 자신이 없습니다. 이 길은 매우 색다른 길입니다.

민선 3기 도정을 총결산하고, 4기 도정을 위한 출항을 눈앞에 두고 있습니다.

우리 주변에서 200만 도민과 눈을 마주하며 활기차고 역동적인 자세로 힘차게 다가갑시다. 그리고 전심을 다해 열심히 일합시다.

저는 가끔 '사노라면' 을 크게 외쳐 부릅니다.

사노라면 언젠가는 밝은 날도 오겠지
흐린 날도 날이 새면 해가 뜨지 않더냐

새파랗게 젊다는 게 한 밑천인데
째째하게 굴지 말고 가슴을 쫙 펴라

내일은 해가 뜬다
내일은 해가 뜬다

비가 새는 작은 방에
새우잠을 잔대도 고운 님
함께라면 즐겁지 않더냐

오손도손 속삭이는 밤이 있는 한
째째하게 굴지 말고 가슴을 쫙 펴라

내일은 해가 뜬다
내일은 해가 뜬다

내일은 해가 뜬다
내일은 해가 뜬다

사노라면 언젠가는 밝은 날도 오겠지
흐린 날도 날이 새면 즐겁지 않더냐

새파랗게 젊다는 게 한 밑천인데
째째하게 굴지 말고 가슴을 쫙 펴라

내일은 해가 뜬다
내일은 해가 뜬다

공직의 길에서 수많은 일을 접하면서 갈피를 잡지 못할 때 나를 위로하고 남을 배려해주는 이 노래가 나의 애창곡입니다.

윤선도는 소나무의 절개를 그린 많은 작품을 남겼다. 모든 나무들이 더우면 꽃을 피우고 추우면 잎이 우수수 떨어진다. 그게 자연의 이치다. 그런데 소나무만은 다른 나무들이 잎을 진 뒤에도 푸르고 싱싱한 잎을 지니고 당당하게 살아간다.

나 자신도 언제나 새파랗게 살고 싶습니다.

PART 03
진짜 잘해줄게

미안하고 고맙고 그리고 사랑한다

온몸에 햇살 한 줌 밀어 넣고 떠나고 싶다.

2001년 서울로 발령을 받았을 때 아내와 한참 나의 손길을 필요로 하는 두 자녀를 두고 나 혼자 밤을 지새우는 일상은 또 다시 반복하고 싶은 일이 아니었다.

혼자가 아닌 사람은 없다. 하지만 중학 3학년인 딸과 고 3의 아들을 두고 생이별을 하기에는 외로움이 너무나 컸다. 할 수 있다면 선배와 1년 후 맞교환 인사를 해 보자고 약속했지만, 그 약속 역시 이루어지지 않아 나를 실망에 빠지게 하였다. 서울에 혼자 남아 있으면서 운명이려니, 내 뜻이 아닌 신의 심오한 뜻으로 받아들이기로 마음먹었다. 그리고 열정을 가지고 직장생활에만 몰두하다 보니 내 육체가 소진되어 가고 있었다. 자녀의 입시와 크고 작은 집

안일 등 무거운 짐을 아내에게만 떠맡기고 홀연히 떠나와 버린 나는 미안하기 그지없었다. 육체적, 정신적으로 고통의 무게를 짊어진 아내와 자녀들한테 꼭 필요한 자리에서 이탈한 내가 너무나 미안하였다.

고속으로 달리는 세월열차에 몸을 싣고, 수첩 네모 칸 안의 일정대로 나의 의지와 상관없이 움직여야하는 생활이었지만, 빈 공간이 생기는 날이면 가족들에게 참고 인내하며 견디자는 얘기를 편지로 썼다.

아픔이 없는 가정을 어찌 좋은 가정이라 말할 수 있겠는가?

나의 전부인 나의 가족들이여, 먼 곳에 있는 나를 믿어 주는 우리 가족들. 나에게도 내가 돌보고 배려해야 할 영혼들이 있다.

삶을 뒤돌아보는 기회를 주신 것도, 스스로의 삶과 부모역할에 대해 다시 생각할 수 있게 된 것도 감사한 일이다. 가족과 더 가깝게 다가설 수 있게 해주니 얼마나 가슴이 뛰는지.

참으로 신뢰하고 믿는다는 것은 큰 변화이다. 복잡한 마음이 깃털처럼 가벼워지고 무겁던 몸에서 천천히 무게가 빠져나가는 그런 느낌이 들면서 가족의 얼굴들이 내게 아주 선명하게 다가왔다.

겨울 날 달디 단 곶감을 나눠먹으며 아이들과 책을 보며 군생활의 이야기도 해주고 아버지가 베고 누웠던 구름이 어떤 모양이었는지, 귀를 씻은 계곡물소리가 어떤 빛깔이었는지 들려줘야 할 텐데 내 빈 자리에 불평하지 않고 아주 반듯하게 성장해준 아이들이 무척 고맙다.

아내와 아이들은 멀리 있어도 늘 내 안에 들어와 살아 있는 걸 느꼈다.

숭숭 구멍 뚫린 삼베보자기 같은 삶 속에서도 언제나 흐트러짐 없이 원칙을 향해 걸어가는 나의 가족들, 미안하다. 고맙다. 그리고 사랑한다.

낭비한 젊음

주체할 수 없다.
폭발적이고 이기적인 나
욕심이 많고 고집도 센 나

진실한 언어들을 마음속 깊은 곳으로부터 토해 놓지만
힘없는 진실로 메아리쳐 오는가

더듬어 지난날을 들추어 보고 비에 흠뻑 젖어
도대체 나, 나를 발견해 보자

저 들녘에 풀(草)대들처럼 실제 연약한 게 내 모습이 아니냐.

그 사실을 깨닫게 해준 경희씨에게 감사한다.

지극히 결핍되어 있던 나 자신의 덕과 선과 정이 한 여성과의 동반 속에서 분명 닦아지리라 확신한다.

나는 젊음을 낭비한 죄인!

경희,

애타게 하고 많은 일들로 걱정하게 한 점 진정 미안해요.

오늘은 자꾸만 슬퍼지고, 오늘의 내가 나를 외롭게 한다.

오늘은 이제까지 어릴 적부터의 모든 일기책들을 펴 놓고 샅샅이 나! 나를 찾는다.

경희 지금 자고 있어?

아니면 무슨 생각해.

나는 지난밤의 숙취로 잠이 막 밀려 올 줄 알았는데

오히려 또렷해지고 개운한 느낌만 들고 몇백 장의 글이라도

막 써내려갈 것 같은 기분이구먼.

경희,

우린 이 세상 어느 사람들보다도 멋지고 아름답고 참되게 살 수

있다.

우리의 웃음과 울음, 환희와 진통 그 모든 게 우리의 것이라도 가슴 벅차고 아름다운 일이다.

경희,

우린 흔들릴 필요도 없고 절대 흔들리지 않는다.

이 밤, 앞으로의 우리의 평범한 생활을 맘껏 그리자.

경희도 전주에서 함께.

끝없는 행복

너 아직 잠 못 이루지?

경희 네가 그렇게 나를 바르고 곧게 살아가게 하려는 몸부림을 수없이 보아 왔다. 나는 수없이 반복된 너와 나의 모습에서 네가 한 행동은 적어도 나는 나에 대한 짙은 애정이고, 한 인간에 대한, 그의 삶에 대한 안타까움이었어.

나는 젊은 나이에 요절한 애국시인도 아니고 이상 시인처럼 기인 행동으로 삶을 던지는 예술인도 아니지만….

나는 항상 내가 꿈꾸던 바다가 그립고 나의 커다랗던 목표가 석양 바다 속으로 잠드는 것을 원치 않아.

그래서 당신이 생각하듯 아주 못난 방식으로 술의 기운을 빌어 내 마음 한구석을 잊고자 하지만 또 다른 당신의 원망이 연속되고… .

나는 과연 당신을 끝없이 행복하게 해줄 수 없는 사람일까.

당신이 나에게 주는 상처 속에서 내가 내 자신과의 싸움에서 인내하고 이겨내는 것은 당신을 내가 선택한 罪와 그리고 당신을 어느 누구보다 사랑하고 있다는 그 사실뿐.

7월 8일 대학병원에 갔더니 아버님은 퇴원하시고 대추차음료 한 상자를 들고 되돌아서는 내 자신의 모습에서 내 인생에 이제 한 분뿐인 아버님께 대한 효도를 다 해드려야 될 텐데…. 건강하시면 큰 사위 잘되는 모습 보여드려야 하지 않겠어.

●●● 이 세상 누구보다 큰 사위를 믿어주고 말없이 사랑해 주시던 장인 어른이 폐암으로 힘들게 투병 중이실 때 적은 글입니다.

만경강 둑길

거울 속의 날 들여다보라.
누런 얼굴색이 있고
부르터진 입술과 긁힌 자국으로 난 생채기가 있다.

그대는 아는가.
결코 아름다움만 주는 것이 아니라는 것을,
모든 게 진실로만 이어질 수 없다는 것을.

간다. 어차피 간다.
그 시간 속에서 난 잊는다.
아물어지는 상처를 바라보며
난 또 한 번 냉정 속에서 파르르 떨어본다.

진짜 잘해줄게

서울에서 혼자 살면서 전매청에 다니던 시절.

당신을 처음 만나고 나서 지고지순한 보석 같은 여자가 전주에 숨어 있었구나, 하고 돌아왔었는데…….

내 인연이 되어 서울 찍고, 광주 잠시, 정읍 돌아, 전주에서 사나 했더니만, 다시 원위치 서울에서 생활하게 되었구나.

이게 내 아니 우리의 인생항로이구나.

그렇게 맑고 따뜻하여 덥기까지 했던 한겨울에 당신과 결혼하면서 내 인생 이제 부러울 것이 전혀 없구나 했었지.

이처럼 예쁜 아내를 내 가슴속에 넣었으니까 말이다.

그동안 힘들게만 한 것이 맘에 많이 걸리는구려.

경희야, 내가 진짜, 진짜 잘해줄게.

떳떳하게 고위 공직 생활을 하는 세경이가 듬직하지 않니?
오늘 좀 불편하더라도, 항상 웃고 밝게 살자.
뜻 깊은 기념일 같이는 못 있지만 내 마음속은
당신으로 가득하니까.

"아이 러브, 러브, 러브 유"다. 잉.

영원한 길벗

— 아내가 쓴 편지①

누구라도 가는 곳이 아니고
정말 큰일을 하는 곳에서 당신이 함께 하는 것
진심으로 축하하고 감사드려요.

그동안 마음고생 많았을 당신을 보면서
너무도 안타깝고 당신을 이렇게 지내게 한
모든 것들이 날 화나게 했지만
분명 오늘 같은 날은 있을 것이고 희망은 있기에
난 당신과 지낸 5개월이 짧기만 해요.
더운 여름날부터 눈이 내린 겨울이 오기까지
모처럼 당신과 하루를 같이 할 수 있었고

너무도 편하게 보낸 날들이었으니까요.
그러나 최근 들어
당신이 무척 부담스러워 하고 초조해 하는 것을 보며
마음이 많이 아팠어요.

여보,
새로운 곳. 새로운 사람들. 새로운 일…….
당신은 걱정도 되겠지만,
마음을 편하게 하고 담대하게 시작해요.
당신의 능력을 당신도 믿고 있을 테니까요.
아무튼 감사하네요.
당신이 이렇게 새롭게 시작되려고
지난 주일날 세례도 받게 된 것 같아요.

여보,
당신께 정말 부탁해요.
이제까지 당신은 내게 좋은 남편이 되었지만
믿음을 주는 평안함은 주지 못했어요.
정말 새롭게 변화되어
날 걱정하거나 불안해하지 않도록 노력해줘요.

같이 지내지 못하면서 서로 노력하지 않으면
정말 슬플 것 같군요.

구체적인 부탁은
식사는 꼭 거르지 말고 무슨 일이 있어도 먹고
정말 술자리는 따로 갖지 말고
피곤이 쌓이지 않도록 해줘요.
몸이 안 좋거나 하면 꼭 미리 내게 말해 주세요.
첫째 당신이 우리 집에서 강건하게 기둥 역할을 해줘야 되니까요.
옷차림은 지나칠 정도로 깔끔하게 신경 써 주세요.
내가 없는 빈자리가 표시나지 않도록
세탁비 아끼지 말고 말쑥하게 하고 다니세요.
항상 내가 했던 말이지만
급하게 모든 일을 생각하지 말고, 서두르지 말고,
오늘이 안 되면 내일, 모레……
오늘 못 만나면 내일, 모레……
아무튼.

당신

내가 원하는 모습으로 지내주면,

나도 이곳에서 편안할 것이고,

당신이 그렇지 못하면 난 정말 비참하게 되잖아요.

당신

이번만 우리 잠시 떨어져 있고,

다시는 단 하루도 떨어져 살지 말아요.

전화 자주 해주고

같이 있을 때보다 더 자상한 남편, 아빠가 되어 주세요.

밤에 잘 때 걱정인데 베개도 주문해서 샀으면 좋겠네요.

정말 건강 조심해요.

날 위해서라도…….

●●● 청와대 근무를 명받고 양복 한 벌만 들고 서울로 올라갔다. 일주일 후 아내가 간단한 짐을 챙겨 서울 독신자 숙소로 가는 지하철 안에서 주위 시선을 아랑곳하지 않고 아내는 늦은 가을 밤 펑펑 울었던 기억이 있다.

원망

— 아내가 쓴 편지②

초록에서 힘없이
노르스름해져 가고 있는
저 잎사귀들
말라 비틀어져가는 저 잎사귀에
난 소스라쳐 놀랄 수밖에.

무얼 했단 말인가.
무얼 생각하며 지내고 있었단 말인가.

저 목말라 했을 작은 꽃나무에
한 모금의 물도 주지 못한 채로

12 時間

— 아내가 쓴 편지③

어떤 곳에서
누구와도 있을 수 있는
하루의 절반.

구름이 있는 하늘을
볼 수 있는 작은 창이 있고,

한 사람 외엔
그 어느 누구도 떠올릴 수
없었던 그 시간 속에서

창밖은 어느새 어둠도
재빨리 오고 있더라.

사랑은

— 아내가 쓴 편지④

사랑은
순간이 아닙니다.

사랑은
만족이 아닙니다.

어릴 적부터 갖던 꿈과 기대
사랑은 결코 일치되지 못합니다.
그것과 견주려 하기 전 사랑은
가까이 와 닿고 있기 때문입니다.

어른들이 힘주어 말씀하신 일들이
어려서부터 꼭 이루게 되리라
믿었지만

그래서 엄마. 아빠를 호강시켜야
하겠다는 그 소녀는
이제 오직 하나만을 갖길 원하고 있습니다.

아주 작지만
너무도 소중한 그 하나만을.

도림사

— 아내가 쓴 편지⑤

물이 말라
허옇게 변한 바위 위에 날리던 나뭇잎

그을린 벽에 서글프게 쓰여 있던
세상 사람들과의 만남을 금하는 글귀.

감을 줍던 스님의 옆모습.

도림사.
오래 전, 도를 닦는 사람들이 숲처럼
몰려들었다는 곳이었기에

더욱 쓸쓸함을 느끼게 해 주던 조용한
그곳에서
미끄러지려는 날 붙잡아 줄
그 누구도 없던 허전함을 참을 수밖엔
없었지.

소리

— 아내가 쓴 편지⑥

힘없이 흔들리고 있는 갈대 소리.
멀리서 개 짖는 소리에 놀라 후드득 날아가 버리는 새 떼들.

딸딸거리는 저 경운기 소리는
무엇을 재촉하고 있으며
저 교회의 종소리는 무엇을 달래려 하고
있는 것일까.

비가 내린다.
사랑에 서툴다.
그러기에 바라는 것 아무것도 없다.
단지 저 곳에 그 모습이 나타나기만을.

PART 04

변곡점에 이른 지방자치

전북 경제의 파이를 키우자

이제는 지방시대다

1990년대 중반 이후 지방자치가 재점화되면서 지방자치단체들 사이에 지방의 살길을 찾자는 자구책의 일환으로 등장한 것이 지역 공동브랜드이다. 그 후 여러 자치단체에서 지역의 공동브랜드 개발에 나서 현재까지 97개의 지역 공동브랜드가 개발되어 있지만 대다수 브랜드들이 지속적이고 효율적인 사후관리의 부재로 어려움을 겪고 있기도 하다. 이에 중앙정부에서는 다양하고 효과 있는 지원책을 모색 중이다.

재미교포들의 인기를 한 몸에 받은 '순창고추장'

1990년 초여름 필자는 지방(전북)에 근무하면서 당시 전북과 전남 그리고 경기도와 함께 지역특산품을 가지고 미국 LA에 가서 전시직판행사를 한 바 있다. 당시로서는 지자체가 직접 그런 행사를 기획(물론 KOTRA나 고려무역 등의 지원은 있었지만) 집행하는 것은 매우 드문 일이었다.

그 행사 당시 인상 깊었던 일 중의 하나가 진열된 여러 지역특산품 품목 중 유독 소비자들의 인기품목 1위를 달리고 있는 것이 '순창고추장' 이었다. 시골 순창에서 컨테이너에 실어 태평양을 건너 미국 통관 절차에 이르는 마지막 과정까지 행사 준비자들의 애를 제일 많이 먹인 그 순창고추장이 행사 최고의 효도 품목이 되었던 것이다. 그 인기품목의 비결은 무엇일까?

당시 LA에 유통되고 있는 국내산 고추장이 많이 있음에도 순창고추장 판매 코너에 끝이 없이 줄을 서 있었던 이유는 무엇인가 곰곰 생각해 본다. 그렇다. LA교민들은 단지 '순창고추장' 을 먹는 것이 아니라 '순창고추장' 이 제공하는 고향 시골의 이미지와 추억을 함께 먹고 싶었던 것이다.

오늘날의 소비자는 생활에 부족한 물품에 대해 단순한 물리적 보충을 위한 구매에서 벗어나 감성구매의 경향이 더욱 높아지는 추세이다. 이것이 바로 브랜드 가치의 중요성이자 지역 공동브랜드 도입의 필요성이 아니겠는가.

2003년 현재 97개 지역 공동브랜드 개발되어

우리나라에서 지역 공동브랜드가 관심의 대상으로 대두된 것은 1990년대 중반 이후 지방자치가 재점화된 시기와 맞아떨어진다. 즉 지방의 살길은 지방이 찾자는 자구적인 노력 속에서 지역경제에 활력을 불어넣기 위한 갖가지 수단 중의 하나로 지역 공동브랜드가 등장하게 된다.

2003년 현재 97개 지역 공동브랜드가 개발 육성되는 것으로 파악되고 있으며, 지역 공동브랜드의 개발은 계속해서 확산 추세에 있다. 또한 현재 지역이 보유하고 있는 향토 지적 재산 대상으로 조사 · 발굴된 것만 6천 151건에 이르며 이 중 권리가 확보된 것은 1천 568건에 불과하여 향후 브랜드 도입 개발과 보호문제는 시급한 정책과제 중 하나로 판단된다.

지역 공동브랜드는 지역의 범위에 따라 광역(시 · 도) 브랜드와 기초지자체(시 · 군 · 구) 브랜드로 구분될 수 있으며, 개발 주체에 따라 관주도형, 민 · 관 합작형, 민주도형 등으로도 구분될 수 있다.

지역 특성 살린 공동브랜드가 성공

지역 공동브랜드의 대표적인 사례를 살펴보면, 서울시의 경우 2002년도에 'Hi Seoul'을 서울의 이미지 브랜드로 개발하여 각종 축제와 서울의 대외이미지 제고에 힘쓰고 있으며, 부산광역시의 경우 1997년도에 부산 시와 (주)대우, 부산은행, 22개 중소기업이 공동출자하여 제3섹터형의 판매전문회사인 '(주)테즈락' 을 설립하여 운영하고 있다.

대구광역시에서는 1996년도에 시와 상공회의소가 합동으로 '쉬메릭' 이라는 공동브랜드를 국내 및 국외(11개국)에 등록하였으며 현재 17개 업체가 참여하여 공동브랜드를 활용, 판매 중이다. 최근 3년간 내수 510억 원, 수출 1천124만 달러의 실적을 올리고 있다. 경상북도의 경우 '실라리안' 이라는 공동브랜드를 1998년 등록하였으며 현재 24개 업체가 참여하고 있다. 주로 의류 등을 생산하는 업체로서 지난해에는 202억 원(내수 182억 원, 수출 167만 달러)의 매출을 올렸다.

강원도의 경우 '푸른 강원' 이라는 청정 이미지를 무기로 도내에서 생산, 가공되는 농수축산물에다 브랜드 이미지를 부가하여 소비시장을 공략하고 있으며, 충남과 전북의 경우는 쌀 등의 농산품 주산지답게 '청풍명월' 과 'EQ-온고을' 이라는 광역브랜드로서 쌀과 지역농산물 판촉에 나서고 있다.

기초지자체의 경우도 지역성이나 전통성 등을 바탕으로 해서 경기 이천의 경우 '임금님표 쌀' 로 11개 농협 등 생산업체가 참여 중이며, 경남 진주에서는 1998년도에 실크제품을 중심으로 '실키안' 이라는 공동브랜드로 상표 등록, 13개 업체가 여기에 참여하고 있다.

그밖에도 강원 횡성의 '안흥찐빵', 전주의 '전주비빔밥', 함평의 '나르다(NAREDA), 보성의 '보성녹차', 안성의 '안성마춤' 등 여러 종의 기초지역 공동브랜드가 소비자에게 급속도로 자리잡아 가고 있는 중이다.

그렇지만 지역 공동브랜드 개발과 육성과정에서 나타난 문제점 또한 적지 않다. 그 중 대표적인 것이 우선 브랜드 개발 이후 사후관리의 문제이다. 대다수 지자체들이 CI 작업 등 브랜드 개발과 보급까지만 행정력을 투입하고 이후 다양하고 지속적인 홍보 전략 전개, 소비자들의 소비패턴 변화 등 시장조사, 유사 브랜드와의 시장성, 브랜드의 지적 재산 가치 침해사례 등 사후평가와 그에 따른 보완조치(Feed back기능) 등을 소홀히 하고 있는 게 현실이다. 또한 지역성, 전통성, 창의성 등을 바탕으로 개발되는 브랜드 전략에 대한 전문기획 기능의 부족과 캐릭터, 로고, 서브 브랜드 등의 혼 · 남용의 문제도 지자체의 현주소이다.

그동안 지역 공동브랜드 육성과 관련해서 행정자치부에서는 지역경제 활성화 시책사업의 일환으로 향토 지적 재산 육성사업을 2001년부터 4년째 추진해오고 있다. 즉 지역 브랜드의 개발이나 권리권의 확보, 또 경쟁력 있는 상품의 고부가가치화나 생산, 유통 관련시설의 지원육성 등에 총 61개 시군, 65개 사업에 국비 110억을 투입한 바 있다.

또한 농산물과 그 가공품이 특정지역에서 생산된 특산품임을 표시하는 지리적 표시 제도를 농산물품질관리법에 명시하여 운용 중에 있다. 지리적 표시 등록 대상품목을 현재 농림부(농산물품질관리원)에서는 농산물 101개, 가공품 50개를 고시해 놓고 있다. 이 제도를 통해 지리적 특성을 가진 우수한 농산물과 그 가공품에 대한 지역 공동브랜드 차원에서 생산자의 보호와 소비자 알권리 충족을 동시에 기대하고 있는 것이다.

하지만 정부와 지자체의 지역 공동브랜드 개발 육성과 관련한 이러한 제반정책은 그동안 산발적이고 임시 방편식 추진의 틀을 벗어나지 못했고 지원 규모도 미흡했다고 반성한다. 이와 관련해 앞으로 행정자치부에서는 해당부처와 협조하여 지역 간 발전의 기회 균등과 지역의 발전역량 증진을 통해 지역경제의 활력과 긍정적인 국가경쟁력 강화를 위해 '향토자원의 개발과 육성'에 중점적인 정책추진 의지를 가지고 있다.

구체적으로 금년 내에 '향토자원개발촉진법(가칭)'을 제정하여 향토전문 기업의 지원 육성과 향토명품에 대한 브랜드 개발과 보호에도 제도적 장치를 마련할 방침이다. 이를 위해 작년 8월부터 금년 3월까지 관련 연구용역을 마쳤으며, 5월부터는 해당부처와 관련 업계 등 민간, 지자체, 학계 등의 광범위한 의견 수렴에 나설

계획이고, 이후 시안을 확정, 법 제정절차에 들어갈 계획이다.

이를 기초로 해서 앞으로는 신규 공동브랜드의 개발과 등록지원, 지자체관련 조례제정 지도, 브랜드관련 전문교육과 마인드 형성, 관련업체와 지자체에 대한 컨설팅 지원, 다양한 홍보 기회 제공, 국내 · 외 마케팅지원 등에 있어서 체계적인 정책 마련에 나설 계획이다.

끝으로 향토브랜드의 성패는 관 · 민 협력 하에 향토명품에 대한 전략적인 결정 속에서 탄생하고, 성장 · 성숙 · 쇠퇴의 과정을 거치는 일종의 생명체라는 인식하에서 항상 접근하고 지속적인 관심과 노력이 중요하다고 본다.

(월간 『지방의 국제화』 2004. 05-제89호)

중앙과 지방이 상생하는 길

Ⅰ. 들어가는 글

오늘날 경제의 패러다임 중심은 국부의 원천으로서 제조업기반 경제에서 지식기반경제로의 이행이 가속화되는 시대흐름에 따라 '지식'이 개인, 기업, 지역, 국가 등 모든 경제주체의 경쟁력을 가름하는 가장 중요한 요소로 작용하고 있다.

또한 국부창출의 시각이 비교 우위적 시고에서 경쟁 우위적 사고로 전환되어 국가의 부는 한정되어 있지 않고 지식활용으로 경쟁력을 높일 경우 얼마든지 새로운 부의 창출이 가능하게 되었다.

따라서 현대의 지역경제운영체제는 과거 국가중심의 수직적 경영체제에서 민간주도의 제휴경영체제로 변화하고 지식중심의 비교 우위적 사고능력을 가진 지역의 자생적 능력 배양을 요구하고 있으며 이러한 관점에서 지역경제의 전략과 산업구조는 커다란 변화가 요구되고 있으며 이러한 차원에서 국가발전의 거시적 지표인 각종 국가발전 로드맵이 제시되고 있는 것이다.

여기에서는 참여정부 출범 이후 변화된 지역경제여건과 정책방향을 살펴보고 지역차원의 자생적 역할을 제시하여 분권과 자율, 국가균형발전의 기치 아래 중앙과 지방의 공존공영의 상생전략(Win-Win Strategy)으로서의 지역경제정책의 기본방향을 소개하고자 한다.

Ⅱ. 지역경제의 여건과 전망

1. 국가의 전략산업추진과 산업구조의 변화

정부는 지식기반산업을 국가전략산업으로 지식집약도가 높은 전자, 정보통신기기, 정밀기기, 신소재 산업, 환경산업 등을 중점 육성하고 있으며 지식이 거래의 대상이 되고 지식투입결과 부가가치가 증가하는 산업을 중점 육성하고 있으며 이러한 차원에서 '동북아 비즈니스 중심 국가 실현' 등 국가 프로젝트와 관련하여서도 지식기반 고부가가치 서비스산업이 새로운 성장 동력으로 부상하고 있는 것이다.

또한 디지털기간망 구축, 모바일화 등으로 공간적 제약을 해소하고 고속도로, 고속철도, 신공항 건설 등 지속적인 인프라를 확충하는 등 인프라 건설은 지역경제 활성화의 새로운 기회를 제공하여 시장 확대, 코스트 절감, 기업유치 등의 효과가 기대된다.

2. 국가발전정책의 기조 전환

국가발전정책의 기조는 과거 중앙집권적인 발전정책이 아닌 지역의 균형발전을 기본이념으로 분권과 자율이 확대 · 정착되어 지방이 창의성을 적극 발휘할 것을 요구하고 있다.

과거 수도권 및 대도시 중심의 경제적 능률성에서 벗어나 지방성장 거점도시 및 농촌거점중심지 개발에 투자우선순위를 부여하고 수도권은 국제경쟁력을 갖춘 세계도시로 발전하는 동시에 지방에 대해서는 지방 주도적 계획에 따라 정부가 핵심 성장역량을 지원하는 전략을 채택하고 있는 것이다.

3. 세계화 및 남북교류 활성화

세계경제는 주도지역의 다변화로 대변되는 국제화가 지속되고 있고 중국의 경제적 부상과 국가간 FTA협상 등 변화의 소용돌이 속에 있으며, 우리나라도 칠레와의 FTA체결을 필두로 수개국과 협의가 진행되고 있으며, 남북간 철도 및 도로연결, 접경지역 개발

활성화 등 남북교류를 적극 활성화할 경우 지리적 불리함을 극복하여 앞서갈 수 있는 선점의 기회를 맞을 수 있다.

Ⅲ. 지역경제의 현황 및 문제점

IMF관리 위기 이후 지역경제는 지역별 경제회복의 차이 발생으로 산업생산 활동이 IMF시기 이전보다 활발한 지역과 위축된 지역으로 양분화되는 경향이 있고 지역 간 격차도 계속되고 있다.

수도권지역은 인구('60년 20.8% ⇒ '80년 35.5% ⇒ '00년 46.3%) 경제력('80년 35.7% ⇒ '00년 44.6%)의 집중현상이 심화되어 왔으며, 정부 및 민간의 중추관리기능이 수도권에 집중됨으로써 이에 따른 인력 및 하위 관련기능이 연쇄적으로 수도권에 집중되는 등 수도권 지역은 과밀에 따른 사회적 비용이 증가하는 반면, 지방은 경제기반의 취약과 생활여건이 악화되는 불균형을 초래하게 되었다.

또한 지역경제발전을 위한 투자면에서도 지원주체별 부분적 · 산발적 분산지원에 따른 중복투자로 시너지효과가 미비한 결과를 낳았고 인재, 기술, 정보 등 소프트 인프라의 취약성을 띠게 되었다.

지역경제정책 수행주체 측면에서도 핵심적인 경제행정기능이 중앙에 집중되어 지역경제관련 업무 중 기획, 조정 및 지원기능은 미약하고, 중앙과 자치단체와의 역할분담 미흡으로 인한 비효율성 등으로 자치단체의 체계적이고 효과적인 경제정책 수행에 어려움을 겪고 있다.

Ⅳ. 지역경제정책의 기본방향과 추진전략

1. 기본방향

지역경제정책의 기본 방향은 수도권과 비수도권이 함께 번영할 수 있는 상생의 전략을 추구하고 지역의 내생적 발전전략을 통한 지방 스스로의 '자립형 지방화' 실현을 그 기본방향으로 하고 있다.

또한 자치단체별 특성에 따른 다양한 발전방안을 모색하는 다양성과 자치단체가 자율적으로 추진토록 중앙차원의 지원을 강화하는 한편, 민간의 자율적인 참여활성화로 개발효과를 극대화하는 창의성은 중앙과 지방간의 지역경제정책 방향설정의 기본이념으로 작용하고 있다.

2. 지역경제정책 추진 전략

지역경제정책의 추진 전략은 크게 5가지로 나누어 볼 수 있다.

첫째, 국가차원의 장단기 추진 전략에 대응하는 지역이미지 제고를 위해 지역차원의 자주적인 지역발전전략 수립을 촉진하는 것이다.

지역별 경쟁력 있는 전략산업의 집중육성 및 산업집적의 활성화 추진과 지방자치단체가 "지역의 세계화"를 적극적으로 추진해 나가도록 인센티브를 강화하는 등 중앙정부 추진시책 보완을 병행 추진하는 것이다.

둘째, 지방분권과 균형발전 촉진을 위한 중앙과 지방의 각종 정책과제를 최대한 수행할 수 있도록 지방자치단체의 행정역량을 강화해 나가는 것이다.

셋째 정책의 집행 측면에서 선택과 집중원칙에 의한 지역발전정책지원의 강화이다.

지방재원을 효율성이 검증된 계획에 중점 지원하고 지방재정에 대한 지자체의 재량권을 확대하는 방안을 강구해 나가는 것이다.

넷째, 자립형 지방화를 위한 지역혁신체제 구축의 다각화를 도모하는 것이다.

산 · 학 · 연 · 관의 네트워킹을 통한 지역혁신체제 모델을 개발하고 지방상공회의소의 시군단위 설치를 확대하고 조사연구기능의 시군 행정기관을 연계하는 동시에 시도 출연연구기관의 지역개발 및 지역경제 연구조사기능을 확대하여 정책제안 기능을 강화해 나가는 것이다.

다섯째, 지역발전 추진을 위한 관련 법령제정 및 제도개선을 지속적으로 추진해 나가는 것이다.

지방의 자율분권을 저해하는 각종 규제와 제한 등을 완화하고 지방의 의견을 법령 제·개정 시 적극 반영하여 상생의 전략을 극대화해 나가는 것이다.

3. 지역경제발전을 위한 중점 추진과제

1) 거점별 성장 인프라 조성 확대

지역경제발전을 위한 중점추진과제로는 먼저 거점별 성장인프라 조성이 선행되어야 한다.

즉 서울과 수도권 중심의 교통망체계를 개선하여 비수도권 지역의 지역 간 횡적 연결 등으로 지방의 교통인프라를 재구축하고 지방의 입지여건, 발전규모 등을 고려한 지방중소도시의 특화발전을 유도하는 한편 환경이 열악한 낙후지역에 대한 지원시책 확대 및 농어촌에 대한 각종 지원사업의 종합화, 통합화로 지원효과 극대화를 도모하여야 한다.

이에 대한 세부 추진방안으로는 고속도로, 항만, 공항 등 국가 인프라 확충 및 전국연계망을 구축하고 비수도권지역 도로인프라 확충을 위한 지방도로 사업을 대폭 강화하는 한편 지방대도시 권역, 중규모 도시 및 소규모 낙후지역의 여건에 적합한 개발체계를 정비하여 특성화개발을 추진해 나가야 한다.

이러한 차원에서 전국의 인프라 조성을 위한 사업을 국토종합계획 및 세부실행계획에 반영 추진하여 산업별 수도는 광역권 계획, 전문중소도시는 특정지역제도, 낙후지역개발을 개발촉진제도에 포함시켜야 하며 지자체별로 장기발전방향을 제시하는 20년 단위의 '종합발전계획' 수립도 그 제도적 대안이 될 수 있으리라 본다.

또한 낙후지역에 대한 지원을 획기적으로 증대하여 낙후지역 이전업체에 '지역사업균형발전 보조금'을 신설하는 한편 개발촉진지구로 지정하여 도로 등 기반시설을 지속적으로 지원하며 오지·도서낙후지역 개발, 소도읍, 접경지역, 농어촌 주거환경개선사업 등도 지속적으로 추진해 나가야 한다.

2) 지역전략산업 육성 및 산업집적의 활성화

실질적인 지역경제 활성화는 권역별 지역여건에 적합한 전략산업을 중점 육성하고 지역 산업경쟁력 강화를 위한 지방 산단 입지 조건을 개선하고 기업하기 좋은 지역 만들기를 위한 각종 규제를 완화하는 데 그 실효성이 극대화되리라 본다.

이에 대한 세부적인 추진방안으로는 비수도권 전략산업유치 등을 위한 행·재정지원을 강화하고 기업하기 좋은 지역 만들기를 위한 각종 산업규제를 대폭 완화하는 한편 지역별 전략산업을 중심으로 대학·혁신기관 및 지원 사업을 통합하고 기술, 인력, 생산, 물류 및 유통이 결합된 '맞춤형 클러스터'를 구축하는 것이다.

또한 기술혁신 및 기술 산업화 기반구축, 지자체 간 경쟁원리 도입 등을 통해 권역별 특화전략(산업진흥) 사업을 지속 육성하고 이와 병행하여 문화·S/W·해양신산업 등 산업별로 특성화된 지원 사업을 추진해 나가야 한다.

3) 권역별 문화·관광·스포츠산업 진흥

문화관광, 스포츠산업 진흥도 지역경제 활성화를 위한 중요한 역할을 기대할 수 있다.

문화와 산업 간의 네트워크를 형성하여 경쟁력 창출 공간으로 활용하거나 휴식, 위락, 스포츠 등 다양한 관광 레저공간을 개발하고 국제 관광지역 개발, DMZ 국제평화생태공원의 조성 등의 문화산업단지 조성방식의 문화산업지구 개발로의 전환이 요구된다.

또한 다수의 행정구역에 걸쳐있는 지역간 공동 관광·문화 개발

사업 촉진을 위한 '광역관광벨트'를 구축하거나 지역특성에 입각한 다양한 문화 · 관광권 지정개발과 세계적인 견본 시와 테마파크를 결합한 지방문화산업의 육성이 필요하다.

4) 지방 물류 · 유통 인프라 확충

물류유통 인프라는 지역경제의 중요한 기간망으로서 지역고용창출에 기여하고 중소유통업의 경영기반을 강화해 나갈 수 있는 중요한 수단이 된다.

이에 대한 인프라확충 방안으로는 지방전략산업을 중심으로 산업단지 공동수배송사업의 추진, 공동물류 컨소시엄 구성을 통한 지역산업 물류 지원 등의 지방전략산업과 연계된 산업물류 인프라를 구축하는 것이다.

또한 내륙화물기지(복합 화물터미널)와 항만배후단지 물류시설 확충을 통한 국가기간 물류거점을 구축하여 거점지역별 물류인프라 및 시스템 고도화를 추진하는 동시에 물류표준화를 지속 추진하고, 개별화물정보망과 통관 · 무역 등 유관 정보망을 연계한 종합물류정보시스템을 조기에 완성하는 등 지방별 특성화를 살린 물류산업의 고도화, 첨단화를 추진해 나가야 한다.

5) 동북아비즈니스 중심도시 건설

권역별 지역경제 활성화 차원에서 동북아비지니스 중심도시건설은 국가나 지역적으로 매우 중요하다.

이는 우리나라의 지정학적 입지를 최대한 활용하여 동북아의 물류중심지, 세계 유수기업의 동북아 비즈니스 거점으로 중점 개발하는 것으로 지역발전은 물론 국가경쟁력을 증진시킬 수 있는 일석이조의 효과를 기대할 수 있다.

동북아비지니스 중심도시건설의 핵심은 국제거점시설의 확충 및 국내외 네트워크 구축을 근간으로 하여 지방도시를 비즈니스 거점화를 위한 국제회의 도시로 육성하고, 국제컨벤션센터 건립 등 국제 회의유치 및 회의시설 등을 확충하여 자유무역지역조성, 국제자유도시지정 등을 통한 원활한 외국인 활동 공간 확보는 물론 외국기업 친화적 환경조성을 위한 법과 제도 등 S/W 획기적 정비를 포괄한다.

또한 지역단위 e-business센터, 센텀시티, 오토벨리, 대덕벨리, 오창 과학 산업단지, 오송 생명 관광단지 등 단위별 세계적 특화센터 구축 등 동북아 IT첨단 산업 중심지화를 위한 기반시설정비를 통하여 국가경제는 물론 지역경제 활성화를 극대화를 기대할 수 있다.

아울러 벤처협동화 생산단지, 하이테크 빌리지 조성, 천안벨리조성, 바이오 기업지원센터, 지역기술혁신시스템 등 첨단 연구 지원센터 설치 · 운영 등 지역간 고유산업을 IT벤처기업과 접목으로 자생적 성장기반구축을 위한 지원확대로 지역경제 성장인프라 구축 지원확대로 지역경제 성장인프라 구축을 병행 유도해 나갈 수 있다.

V. 맺음말

90년대 이후 수도권집중완화와 수도권과 지방 간 격차해소를 위한 균형발전시책과 지역경제 활성화시책은 정부에서 주도적으로 추진하여온 바 행정자치부에서는 지역 경제 활성화와 낙후지역, 농어촌개발, 지방도로정비 등의 지역균형발전시책을 중점 추진하였다.

즉 IT, BT 등 지역전략산업과 지역특화산업을 중점육성하고, 지방재래시장 기반정비 사업으로 지방영세상인의 생계안정을 도모하는 한편 공공근로사업을 통한 지방 일자리제공과, 지역경제의 안정적 성장기조 유지를 위한 지방물가의 안정관리, 기업유치를 위한 공유재산관리제도개선(수도권기업 지방 이전 시 공유재산수의계약허용), 낙후지역 환경정비 및 정주여건개선사업 추진, 접경지역지원법과 지방 소도읍 육성지원법제정을 통한 접경지역과 소도 읍에 대한 체계적인 지원근거 마련, 지역 향토자원의 육성개발

지원 등이 그것이다.

그러나 2004년 현재 참여정부는 시대적 흐름의 변화에 따라 지역의 개방성과 역동성이 종래보다 훨씬 강하게 발휘되는 시대의 지역발전을 지역의 특색과 잠재력을 최대한 발휘할 수 있는 사전적 기회균등으로 파악하고 있다.

따라서 지역 경제 활성화 정책도 이러한 기조 아래 각기 지역의 특색에 입각하여 발전의 기회가 사전적으로 보장되고 지역구성원의 자아실현기회가 균등하게 주어진 상태에서 개인과 지역의 잠재력 발휘는 물론 국가 전체적으로는 지역 간 경쟁과 융합을 통해서 시너지 효과의 극대화를 꾀하고 있는 것이다.

이러한 차원에서 지방은 지역 내부의 지속적인 자치능력강화와 문제해결 능력의 극대화를 위한 다양한 노력이 요구되고 있으며 능동적이고 주체적인 지역발전을 위한 지역혁신체계를 구축하고 지역발전을 위한 적극적 문제해결을 위한 주민과 각종 시민단체의 참여를 확대하여 지역 스스로의 자율적인 사업기획 및 추진역량강화를 위하여 부단히 노력하여야 할 것이다.

(『지방재정』 2004년 제1호, 통권126)

'지역경제 활력화 대책' 추진

— 지자체 가용재원 활용을 통한

지난해 우리 경제는 수출증가율이 30%대 중반을 상회하는 등 외형적인 성장에는 큰 문제가 없었으나 내수부진과 국제유가의 급등, 미국의 금리인상, 그리고 중국정부의 경기진정조치 등 대외적인 경제여건이 악화되면서 서민들의 체감경기가 지속적으로 침체되었다.

최근 우리 경제의 가장 큰 특징은 IT산업 위주의 고용 없는 성장으로 인한 수출과 내수의 괴리현상이라고 할 수 있다. 부품 및 장비의 높은 수입의존도로 고용창출과는 직접적인 관련이 없는 IT관련 제품이 수출에서 차지하는 비중이 커짐에 따라 수출 증가가 내수회복에 큰 기여를 하지 못하고 있다. 물론 최근 할인점과 백화점의 매출이 약간 증가 추세를 나타냈지만 이것을 본격적인 내수 회복으로 진단하기에는 너무 성급한 판단이라고 생각된다.

따라서 최근 지역의 생산동향과 소비동향, 그리고 지역 건설투자 상황 등을 종합해 볼 때 지역경제의 어려운 현실은 국가경제의 적신호라고 생각된다. 특히 최근 지방의 어음부도율은 0.14~0.20% 수준으로 서울지역의 0.04~0.06%에 비해 상당히 높은 편으로, 지역경제의 어려운 경제상황을 대표적으로 반영한다고 할 수 있다.

이에 정부는 올해 5%의 경제성장과 40만 개의 일자리 창출을 목표로 종합투자계획을 수립한 바 있으며, 새로운 민자유치제도인 'BTL' (Build-Transfer-Lease) 방식을 도입하여 민간참여자에게 정부 채권수익률 이상의 일정한 수익을 안정적으로 보장함으로써 민자유치 활성화를 유도하고 있다. 그러나 정부의 이러한 노력들은 궁극적인 사업주체인 기업과 지방자치단체, 특히 기초자치단체가 적극적으로 나서지 않으면 그 가시적인 성과를 달성하기 어렵다고 할 수 있다.

지자체차원의 '지역경제 활력화 대책' 수립

이러한 측면에서 정부는 지자체 차원의 지역경제 활력화 대책을 수립하여 '3개 분야 10대 역점추진 과제' 를 선정, 올 한 해 동안 전국 지자체 차원에서 적극적으로 추진하기로 하였으며, 그 세부적인 내용을 보면 다음과 같다.

지방재정의 상반기 조기집행 유도

올해 약90조 원에 달하는 지방재정 중 조기집행이 가능한 재정 규모는 약14조 원에 달하며, 이의 조기집행은 경제 활력 제고에 큰 역할을 할 것으로 기대된다. 따라서 정부는 지자체가 재정을 최대한 조기 집행할 수 있도록 각종 제도를 개선하고 집행을 독려할 계획이다.

이를 위한 세부 추진계획으로 3월말까지는 전체 공사의약 89%(건수단위)를 차지하고 있는 10억 원 미만의 소규모 사업 중심으로 집중발주를 유도하고, 10억 원 이상의 대규모 사업에 대해서는 관련절차 이행을 독려하여 4월부터 최대한 조기 발주될 수 있도록 유도해 나갈 방침이다.

또한 계약 상대방의 선금보증서가 확보되는 한 최대한 선금을 지급토록 유도함으로써 최종 수요자를 기준으로 하여 집행실적을 제고하는 방안을 적극 모색해 나갈 계획이다.

지방 중소업체에 대한 지원 강화

최근의 어려운 경제 여건은 특히 지방 중소기업의 자금압박과 경쟁력 저하에 기인하는 측면이 강하다고 할 수 있다. 따라서 지자체에서 운영하고 있는 각종 회계 · 계약 제도를 개선하여 계약상대자 등 최종 수요자의 입장에서 자금집행이 신속히 이루어질 수 있도록 유도해 나갈 계획이다.

그 구체적인 방안으로, 원도급자가 발주자(지자체)와 하도급대금에 대하여 직불(직접현금지급)을 합의하는 경우에는 지자체가 차기입찰에서 부여 가능한 최고의 입찰점수 '인센티브'를 부여할 수 있도록 함으로써 하도급자에 대한 직불을 유도하고, 관급계약 이행 시 대금지급기한을 현행 청구일로부터 14일 이내를 5일 이내로 대폭 단축함으로써 대금 조기집행을 유도함은 물론, 선금지급도 계약금액의 70%까지 확대하여 최대한 선금지급을 유도하고 있다.

아울러 공사 진행에 따른 기성금(旣成金)도 30일 간격으로 지급하게 함으로써 상대적으로 열악한 위치에 있는 하도급자를 보호 · 지원할 계획이다. 그리고 2월부터는 지역제한 경쟁 입찰 한도액을 일반 공사의 경우 50억 원에서 70억 원으로, 전문공사의 경우 5억 원에서 6억 원으로, 그리고 기술용역의 경우 1억5천만 원에서 2억1천만 원으로 상향조정함으로써 상대적으로 열악한 지역 업체를 보호하고 있으며, 각종 공사 낙찰 시 수도권업체가 지방업체를 20% 이상 공동 참여시키는 경우에는 입찰점수 '인센티브'를 부여함으로써 수도권업체가 자발적으로 지방업체를 참여시키도록 유도하고 있다.

성장 동력 발굴을 위한 신활력사업 추진

'신활력사업'이란, 인구감소율 · 인구밀도 · 재정력지수 · 소득

세할주민세를 기준으로 선정된 70개 시 · 군에 대하여 지역에 활력을 불어넣기 위하여 정부가 올해부터 매년 약2천억 원을 지원하고자 하는 프로젝트이다. 특히 신활력사업은 참여정부의 핵심 지역개발 정책으로 올해 처음으로 실시되는 사업으로 기존의 하드웨어적 사업을 탈피하여 지역에 새로운 활력을 불어넣을 수 있는 소프트웨어 중심적 사업을 말한다.

정부는 이러한 신활력사업의 특성에 맞도록 지자체가 사업을 선정 · 추진해 나갈 수 있도록 340여 명에 달하는 전문가 인재 풀(pool)을 구성하여 사업계획 단계부터 민간 전문가의 컨설팅을 지원하고 있고, 출향인사 · 지역특성 등을 감안한 소규모 '지역별 전문가 그룹'을 편성하여 지자체로 하여금 수시로 컨설팅 등을 통해 활용할 수 있도록 지원하고 있다.

재원배분에 있어서도 '선심성 나눠 먹기식' 방식을 지양하고 '선택과 집중' 원리에 의하여 투자성과가 극대화될 수 있도록 평가 시스템을 마련 · 운영할 계획이며, 전문가그룹 평가를 통해 우수 지자체에 대해서는 재정적인 추가 인센티브제를 도입함으로써 지자체가 자발적으로 지역단위에서 새로운 성장 동력을 창출해 나갈 수 있도록 지원할 것이다.

이러한 절차를 통해 선정된 신활력사업에 대해서는 3월까지는 70개 시 · 군의 사업계획을 최종 확정하고 4월부터는 본격적인 사업에 착수하여 승수효과를 도모함으로써 지역경제에 활력을 불어넣을 계획이다.

지방자금을 활용한 민간투자 활성화 유도

지방의 민간투자 활성화를 위해 BTL 사업에 지자체의 적극 참여를 지원하고 지방공기업 및 새마을금고 자금을 활용한 지역경제 활력화 사업을 적극 발굴 · 추진할 계획이다.

BTL 제도란 정부가 올해부터 도입한 새로운 민자유치방식으로, 기존에 사회간접자본시설에 한하던 민자유치 대상 분야를 도서관 · 박물관 · 문예시설 · 노인의료시설 등의 생활기반시설까지 확대함으로써 민자유치를 촉진하고 주민의 생활편의를 도모함은 물론 지역경제를 활성화시키고자 하는 제도를 말한다.

그러나 올해 초 '사회간접자본시설에 대한 민간투자법' 개정으로 새로이 도입된 BTL 방식의 민자유치제도에 대해 지자체는 물론 민간기업도 아직 이해가 부족한 측면이 많다. 따라서 관계부처와 협력하여 2월 중에는 지역별 순회설명회를 개최하여 BTL 사업을 적극 홍보하고 지자체가 사업에 적극 동참하도록 유도해 나갈 계획이다.

한편, 지방공기업 및 새마을금고 자금을 활용한 지역경제 활력화를 위하여 현재 약5천억 원 규모에 달하는 지역개발기금을 활용하여 체육시설업 분야와 관광사업 분야에 대한 투자 확대를 유도해 나가고 있으며, 새마을금고(1,650여 개)의 지역개발사업 지원금을 활용하여 영 · 유아보육사업, 노인복지사업, 농촌체험마을사업 등 지역투자사업을 적극 발굴 · 추진해 나갈 계획이다.

지역 서민생활 안정대책 병행 추진

경제가 어렵다고 하여 지나치게 경제 활성화에 역량을 집중하다 보면 상대적으로 열악한 위치에 있는 서민생활이 불안해지고 물가 불안으로 인해 저소득 또는 무소득자의 상대적인 박탈감이 조성될 우려도 있다. 정부는 이에 대한 대책으로 지역 내 복지기관, 종교 · 시민 단체 등의 자발적인 참여를 통한 유관기관 간 네트워크를 구축하여 소외계층에 대한 지원 및 의료 · 복지 지원 시스템을 갖추어 나갈 계획이다.

또한 공공근로사업 확대 등을 통하여 실업자의 일자리를 확대함으로써 소외계층에 대한 배려도 확대해 나갈 것이다. 이를 위해 올해 1,600억 원에 달하는 공공근로사업비가 가능한 한 상반기 중에 최대한 집행될 수 있도록 유도해 나가고 하반기 공공근로사업 추가수요에 대해서는 추경예산 편성을 통해 신규재원을 추가 확보할 계획이다.

한편, 정부는 경제 활성화 과정의 지나친 물가인상으로 인해 서민경제에 주름살이 가지 않도록 소비자 물가 중심으로 물가상승률 3% 초반을 목표로 하여 물가안정을 위한 적극적인 노력을 기울이고 있다.

지역별 · 품목별 물가관리 소관부서 지정 및 책임 관리제 시행을 통해 지역단위 물가관리 추진체계를 확립하고 지자체, 경찰, 세무, 위생 등이 참여한 '물가 합동 지도 · 점검반'을 지자체별로 편성 · 운영함으로써 현장 중심의 물가지도, 점검을 강화해 나가는 한편, 물가관리 우수 지자체에 대해서는 포상금 지급 등 행 · 재정적인 인센티브도 부여해 나갈 계획이다.

또한 지방공공요금의 안정적 관리를 위해 지방공공요금의 결정과정에서 심의위원회의 민간 참여비율을 확대하고 경영합리화 등을 통해 공공요금 인상을 최대한 억제하는 등 민간 주도의 자율적인 물가통제기능도 병행 추진키로 하였다.

올 한 해는 '지역경제 살리기의 해'라고 해도 과언이 아닐 것이다. 정부와 250개 지자체는 앞서 기술한 지역경제 활력화 대책이 일회성으로 끝나지 않고 올 한 해 동안 지속적으로 추진될 수 있도록 '지역경제 활력화 지원상황실'을 설치 · 운영함으로써 국민, 기업의 입장에서 가시적인 성과가 나타날 수 있도록 노력해 나갈 계획이다.

또한 지역별 순회 설명회 및 세미나 개최 등을 통해 경제 살리기 분위기를 전 지역으로 확산해 나갈 계획이다. 이를 위해 이미 지난 1월 중에 '지방공기업 CEO 경영혁신대회'와 '권역별 신활력지역 설명회'를 개최한 바 있으며, 재정경제부 · 기획예산처 등과 합동으로 'BTL사업 및 지역경제 활력화 대책'에 대한 권역별 설명회를 현지에서 개최할 계획이다.

이러한 정부의 노력들이 차질 없이 추진된다면 현재IT 분야 중심으로 서서히 회복기에 접어들고 있는 경제가 올 하반기부터는 본격적인 경제회복의 국면으로 전환될 수 있을 것이다.

(『나라경제』 '05. 3월호)

변곡점에 이른 지방자치, 전북경제의 파이를 키우자

지방자치가 완숙기에 접어들고 있다. 자치단체장 직선은 올해 민선 5기 출범을 앞두고 있고, 1991년 지방의원 선거제의 부활로부터 계산하면 우리의 지방자치도 20년의 역사를 보유하게 됐다. 선진국에 비해 역사는 짧지만 우리나라 지방자치제도는 지역민에 대한 정치적 훈련을 강화해 정치수준을 한 단계 높였고, 자치역량을 키우는 등 주민생활 향상에 기여했다는 평가다.

그러나 명암도 분명하게 드러났다. 지역자치를 축하하는 축포와 함께 같은 출발점에 섰던 16개의 광역자치단체와 230여 개의 기초자치단체는 IMF 구제금융, 신자유주의 도입 등으로 인한 경쟁 심화로 성장차가 점점 벌어지고 있다. 최근 세계경제가 침체되고 지역균형발전이 정체 위기에 놓이면서 후발주자로 나선 지자체는 발전동력조차 개발하지 못하고 낙후만 거듭하는 것이 아니냐는 우려의 목소리까지 나오고 있다.

게다가 '불황극복'과 '역량다지기'가 정부뿐 아니라 사회 전 부분의 새해 화두로 등장하면서 지역 경쟁력 확보의 중요성은 더욱 높아지고 있다. 지방자치 20년 시대를 여는 새해, 지역발전의 도약과 후퇴를 가늠할 변곡점이 될 현재에 슬기롭게 대처하는 노력과 심도 깊은 고민이 필요한 이유가 여기에 있는 것이다.

이미 지역경쟁의 신호탄은 점화됐다. 전주-완주가 불발로 끝난 자율통합의 경우 창원-마산-진해는 통합이 성사됐고, 성남-하남-광주 통합은 성남시의회의 결정만을 남겨두고 있다. 물론 통합 추진에 따른 여러 문제점도 제기되고 있으나 지방교부세 감소로 예산운용에 난항이 예견되는 상황에서 통합으로 얻게 될 재정건전성과 효율성은 이들 지역에 강력한 경쟁력이 될 것이다. 영국이나 독일, 일본 등 선진국에서는 지역경쟁력 확보를 위해 벌써 오래 전부터 기초단체 수를 줄이는 추세고, 우리 역시 2014년(?)에는 행정개편이 추진되므로 지금이라도 선先 통합사례의 득실을 타산지석으로 삼아 원만한 지역 통합을 준비해 나가야 할 것이다.

또한, 지역발전의 흐름도 끊임없이 조망해야 한다. 현재 정부의 지역정책은 시도 등 행정구역에 얽매이지 않고 경제권이나 생활권 단위로 지역을 구분해 각각의 기능에 걸맞은 사업을 발굴하는 식으로 전개되고 있다. 전북은 신재생에너지, 친환경부품소재산업을 선도 산업으로 육성하고 있는데 전북의 성장동력인 새만금사업과 이들 사업의 연계성, 시너지 효과를 극대화하는 데 주력해야 할 것이다. 새만금 주변부인 전주, 익산, 군산 등도 자치단체 간 경쟁에 앞서서 지역경제의 파이의 크기를 키운다는 마음으로 전북 전체의 경쟁력을 함께 높여 나가야 한다. 특히 궤도에 오른 전주시의 탄소산업 등 첨단부품소재산업, 앞으로 큰 활약이 기대되고 있는 익산의 국가식품클러스터조성산업, 이미 지역에 파급효과가 나타나고 있는 군산의 조선 · 자동차 산업 등 지역별로 차별화된 전략을 구사하면서 새만금사업의 수혜를 고루 얻을 수 있는 공동발전방안을 모색하는 노력이 필요할 것으로 보인다.

마지막으로, '지역인재양성' 에 혼신의 힘을 쏟아야 한다. 지역발전의 핵심동력은 결국 '인재' 에 있다. 또, 무한경쟁의 논리가 좌우하는 시대에서 살아남는 방법은 끝없는 자기계발에 있다. 이는 단순한 지식의 습득, 기술 교육을 의미하는 것이 아니다. 지역의 잠재력과 가능성에 대한 이해와 지역발전에 대한 통찰력을 갖춘, '사유' 하는 인재가 많은 지역이 되어야 한다. 이처럼 전북발전의 대도약을 이루기 위해서는 우리 스스로의 노력이 중요하다는 것을 인식하고 끊임없이 공부하는 자세부터 갖춰야 하겠다. 무엇보다도 지역의 미래를 스스로 생각하고 지역발전을 제대로 바라보는 깨어 있는 눈을 갖기 위해 노력하자. 그래야 어떤 위기에도 흔들리지 않는 우리 고장, 미래를 선도하는 전라북도의 실현도 좀더 빨리 앞당길 수 있을 것이다.

PART 05
매력 덩어리, 알부남

마음의 밭

겨울 찬바람이 창문을 두드립니다.

들길 모퉁이마다 푸름이 가고

누렇게 마른 풀과 떨어진 잎새들이 가득하지만

임은 누구에게도

흔적 남기지 않는 잎새로 기억됩니다.

자림원 이전문제로

부시장님이 주관한 첫 회의에서 주눅이 들었던 저로서는

저돌적인 추진력과 판단력으로 중무장했던

임의 카리스마에 이미 녹다운되어 있었기 때문입니다.

의전 경험이 다양한 저였지만,
도대체 엄두가 나지 않았습니다.
불안한 마음에, 하루하루
근근이 버틴다는 표현이 맞아떨어질 정도였습니다.

흔들림이 없고
빈틈이 없으며
두려움만 가득 차
비집고 들어갈 내 자리가 보이지 않았습니다.

세월은 날개를 달고 고속으로 달려갔습니다.
어느 순간, 문득 고개를 들어보니
안세경이라는 밭 중심에 서 있는 저를 보았습니다.

왜일까?
이제야 정신을 차리고
임을 똑바로 쳐다보며 가꾸어진 밭을 둘러보았습니다.

임의 마음 밭에는
이미 많은 이들이 있었습니다.

표현을 잘하지는 못하지만,

싫든 좋든 그들을 위한 자리를 만들어 놓고

변함없는 사랑으로 맞이하고 있었습니다.

거기에는

기억의 창고

지식의 창고

문화의 창고

의리의 창고.

행복감이 밀려듭니다.

공유할 수 있는 내 밭이 있습니다.

나를 위해 열려 있는 많은 창고가 보입니다.

어떻게 이럴 수 있을까?

지금까지 임이 만들어 준 밭에서

행복이라는 수확을 느끼지 못하고 받기만 했을까요?

이제라도 제가 가꾸고 싶습니다.

임이 그래왔듯이

저의 밭이 아닌 모두를 위한 밭을 가꾸고 싶습니다.

안세경이라는 '마음의 밭' 이 더욱 풍성해지도록…….

〈신○○〉

전주한지의 세계화

— 안세경 부시장의 배짱과 도전정신이 일군 쾌거

안세경 전주 부시장이 최근 튀는 행각을 보이고 있다. 작년 부시장 취임 직후부터 전주막걸리를 산업화하자는 취지의 아이디어를 내 '막 프로젝트' 라는 비공식 제목의 이슈를 걸고 '테마 막걸리 거리' 조성에 나선 바 있다.

'테마 막걸리 거리' 라는 일종의 '막걸리 타운', '막걸리 촌' 을 만들어 막걸리 판매 주점과 관련 음식 업을 집중시켜서 풍성한 안주와 전주 막걸리의 상품성을 진작시킨다는 것이다. '막사모(막걸리를 사랑하는 모임)' 같은 막걸리 족, 막걸리 애용자들의 막걸리 실용성 예찬 행사와 집단적 향유 문화도 고양시키고 있다.

얼마 안 있어 안 부시장은 전주 한지의 마케팅과 판로 개척을 위해 반기문 유엔 사무총장을 뉴욕 현지로 가 만날 예정이다. 총장

집무실 인테리어에 한지 사용하는 방안을 추진하려 했으나 시기를 놓치고 대신 총장 공관 인테리어의 길을 찾으려는 목적에서다.

한지의 우수성은 이미 세계가 인정하고 있다. 종이의 기본 기능에서 우수한 것은 물론이거니와 통풍과 촉감, 용도의 다양성, 지속성, 심지어는 염색에 잘 화합하는 색채 흡수성 등 거의 모든 분야에서 뛰어남을 자랑하고 있다.

특히 자연적이고 친환경적이어서 공기, 바람, 습기에 친화적으로 작용하여 그에 노출되고 나서도 이내 기능을 회복하는 탄력성 강한 속성도 지니고 있다.

그런 환상적인 한지가 국제외교의 심장부인 총장 공관에서 기능과 특성을 발휘할 기회를 가질 수 있다면 그보다 더 한지의 선전과 홍보에 유리한 입지를 추구하기도 어려울 것이다. 세계 최고수준의 명품 한 가지를 본격적인 국제무대에 등장시키고 보급하는 계기가 되기 때문이다.

한지를 유엔총장 공관에 납품한다는 일이 말처럼 용이하지는 않을 것이다. 우리가 아직 접하지 못한 우수한 지구상 종이 제품이 있을 수도 있고 막상 우수성을 증명한다 해도 기존 관행을 제대로 알지 못하기 때문에 납품에 성공하기까지 더 긴 여정과 노력, 과정, 절차가 기다리고 있을지도 모른다.

그러나 그것은 그것대로 또 귀중한 시도이자 경험이고 축적이 될 것이다. 아직 선진 강국이 유엔 사무총장이 되어 본 적이 없다.

과거 스웨덴과 핀란드 출신 사무총장이 나오긴 했지만 그들은 인구 규모도 작고 강국보다 중립국 쪽을 선택해야 할 만큼 군사상, 외교상 입지가 넓지 못하다.

대한민국이야말로 천우신조의 기회를 얻어 인구, 경제력, 군사면, 산업발전 측면에서 선진강국에 접근한 상태로 유엔 사무총장을 차지하는 행운을 얻었다.

어느 나라보다 어느 시기보다 유엔의 핵심에 한국적인 것을 접근시키기 유리한 여건을 맞이한 것이다.

그러한 기회가 늘 있을 리 없다. 또 그러한 기회가 주어져 있다해도 이를 활용할 지혜와 생각이 미치지 못한다면 쓸모 있을 턱이 없다.

안 부시장이 그러한 기회를 잡는 행운아가 되어 한지업계와 이 지역 그리고 나아가서 국내 관련 산업에 크게 기여할지 주목되며 반드시 소기의 성과를 이루기 위해 진력하리라고 본다.

설령 목표가 달성되지 못할지라도 실망할 필요는 없다. 자체로 겪은 생소한 체험과 획득한 무형의 소득은 아무리 강조해도 지나치지 않을 만큼 소중한 까닭이다. 내친 김에 안 부시장은 지속가능발전 '세계정상회의' 전주유치도 시도할 예정이다.

국제행사를 유치할 정도의 인프라 그 중에서도 공항이 필요하지만 그러한 기본적 시설조차 안 된 실정이다. 그러나 의기가 가상하다.

유엔에 가서 반 사무총장에게 그 문제를 타진할 배짱이라면 새삼 무엇이 불가능하다고 속단할 필요도 없을 것이다. 안 부시장의 도전정신은 그만큼 전주시민의 도전성에 대한 긍지이고 자극이다.

문화교류를 통한 리더십

— 미의회에 전주한지의 우수성을 선양한 부시장

안세경 전주 부시장이 반기문 유엔 사무총장 접견실 인테리어에 한지 사용을 타진코자 방문하는 등 적잖은 성과물을 획득하였다. 안 부시장이 거둔 실적은 눈에 보이는 거래 계약의 현찰이 아니라 주로 가능성을 타진한 무형적 수익이라고 할 것이다.

우선 미국 의회 도서관의 아시아관에 전주 한지를 소개할 계기를 만들고, 미 의회의 주요 고문서 복원 용지가 지금까지는 중국의 선지나 일본의 화지로만 사용되었는데 앞으로 우리 한지를 사용할 수 있도록 검토하게 되었다.

미 의회 고문서 복원에 동양의 전통적 방법으로 만든 종이를 사용한다는 것도 처음 접한 소식이지만 현장의 경험 있는 직원들이 즉각적으로 한지를 알아보고 인정한 것 또한 괜찮은 일이다.

한편으로 중국과 일본이 장악하고 있는 동양의 대표성을 새삼 구석진 부분에서까지 감지해 볼 기회가 된 셈이다. 우리나라가 외양으로나 실질에 있어서 미국의 제도와 문화에 속속들이 침투하고 있지 못하는 허름한 현실을 있는 그대로 인식하게도 되었다.

이처럼 한지라는 목적 품을 가지고 갔기 때문에 미국제도와 사회에서도 핵심이 되는 미 의회의 적나라한 한 부분을 파악할 수 있었던 것이지 그러한 목표나 제품이 없었다면 그런 사정이나 형편을 알게 될 리가 만무한 것이다.

한 · 미 양측이 서로 그 부분에 무지한 상태를 얼마나 계속할지도 장담하기 어려운 것이다.

그런 점에서 안 부시장은 단지 한지 무역을 위한 비즈니스 차원을 넘어 우리나라의 귀중한 문화품목을 미 의회 인사들에게 소개하여 문화의 우수성을 선양한 공로가 크다고 해도 무방할 것이다.

세계 최고最古의 금속활자를 발명한 우리의 문화적 긍지를 안고 활자와 짝시어 인류문화 빌진의 신기원을 이룬 우수한 종이 역시 우리 민족에 의해 고유하게 생산된 사실조차 알리지 못해 왔다는 자각의 계기이기도 하다.

암흑과 무지의 중세시대를 끝낸 소위 활자 인쇄문화의 시작을 동양에서 세계 최초로 우리 겨레가 시행하였다는 사실을 '손에 쥐어 보여 주어도' 인정하지 않으려는 게 세상사다. 백 번 듣는 것보다

한 번 보는 게 낫다는 말은 이를 두고 한 이름일 게다.

우리가 세계 최초라고 하는 것들에 대해 외국인들 특히 우리의 맹방이라고 하는 미국에까지 제대로 알리지 못해 왔다는 반성을 뼈아프게 내리면서 중국과 일본이 그토록 미국의 모든 곳에서 숨쉬고 있다는 자각은 우리가 몇 배의 노력을 가중시켜야 비로소 그들을 따라잡을 가능성이 생긴다는 교훈과 다짐에 이르게 된다.

워싱턴과 각 주의 수도는 물론 중남미, 유럽, 동남아 혹은 아랍 제국까지도 손수 길을 열어 접촉하고 대화하고 타진하는 적극적 교류와 개척에서만이 시장의 실질을 터득할 수 있는 것이다.

이에 의해 전주시가 외부 지향적인 세계적 관점의 도시로 바뀌어 가는데 보다 개방적이고 활달한 체험의 약이 될 수 있을 것이다.

전주시는 전북의 눈이고 핵이다. 전주가 높고 광활하게 날지 못하면 道 전체는 더욱 처지고 움츠릴 수밖에 없다.

유엔과 미국에 한지를 팔면 한지 산지인 완주가 더 발전하고, 전주에 관광객이 오면 무주구천동과 춘향이 골, 내장산과 변산반도 국립공원, 군산 산업지대가 들뜨게 되고 또 그리되어야 한다. 전주의 시야가 틔어야 유럽이 보이고 미국이 다가올 것이다.

안 부시장의 행보는 그런 측면에서 평가할 수 있는 것이다. 그런 행보는 전주시와 전북의 기록이 되며 다른 지역과 서로 소통하고 자료를 교환하면, 다른 지역으로부터 또 도움과 지원을 받는 상부상조의 선순환 고리를 엮게도 된다.

자치단체장을 필두로 간부들이 그런 업무로 지역을 키우는 게 지방자치의 실질을 내는 길이다.

농민을 먼저 생각하는 국장

— 농림국장님의 업무자세를 칭찬합니다

저는 미곡종합처리장을 운영하는 사람입니다.

지난번 농민 지도자교육원에서 열린 고품질 쌀 및 RPC 계열 교육장에서 안 국장님의 진지한 청취모습을 목격할 수 있었습니다. 제일 앞자리 교육생 자리에 앉아 처음부터 끝까지 진지한 자세로 듣는 모습을 보고 무척 기분 좋아 든든하였습니다.

그동안 도 농정책임자가 보여준 업무추진 자세는 한마디로 우리들을 감동시키기에 충분하였습니다. 특히 농민단체와의 쌀 투쟁문제에 접했을 때 안이하게 회피식 태도는 결코 농민들의 불만을 수용하지 못할 것이라 자책했었습니다.

그러나 농업 및 농정의 전문가이신 안 국장님의 부임으로 우리들은 용기를 얻게 됩니다.

부디 초심 변하지 마시고 전북 농업 및 특히 쌀 문제에 대해서 지금처럼 건전한 대책제시와 적극적인 현장에서의 문제를 참고하여 진지한 업무추진 자세를 끝까지 유지하시리라 믿습니다.

국장님의 소신 있는 업무추진 자세에 다시 한 번 큰 박수를 보내며 건강에 유의하고 농민, 농업을 먼저 생각하는 큰 일꾼이 되시기를 바랍니다.

감사합니다.

(도정업자 올림)

칭찬합시다

— 농림 수산국 역시 기분 좋은 소식 전해주시는군요

오늘 아침 일간지를 보고 칭찬 방에 들어왔습니다.

전국적으로 푸대접을 받고 있는 전북 쌀의 명성을 되찾으려고 불철주야 노력하시는 농림수산국에 힘찬 격려와 용기의 박수를 보내드립니다.

전국에서 내로라하는 유명한 쌀을 생산하는 직원들을 급파하셨군요. 문제점을 찾아내고 해결하고자 하는 의욕이 넘치는 국장님 이하 전체 직원들께 우리 힘 있는 박수를 보냅니다.

부디 금번 선진지 연구탐사가 결실을 맺어 전북의 품질 좋은 쌀 생산에 활력을 불어넣는 계기가 되리라 믿습니다.

안세경 국장님의 의욕적이고 진취적인 업무추진에 다시 한 번 농민의 한 사람으로서 박수를 보냅니다.

건강하십시오.

(2001. 봄)

축간사

내가 바라본 안세경

송하진 • 전주시장

그를 만난 지 20년이 넘었다
그와 마음을 통한 지도 15년을 넘겼다
그와 같이 일을 한 지도 4년여가 되었다.

그를 처음 만났을 때
그는 돌과 같은 사람이구나
너무도 단단해서
깨기가 무척 힘든 사람이구나

몇 년이 흘렀다

그는 야산에 힘겹게 솟아난 대나무 같구나
야무지게 솟아나서
질기고 질긴 몸과 마음으로 인생을 살아가는 사람이구나

몇 년이 또 흘렀다.
그의 얼굴에는 막걸리 같은 텁텁함,
봄날 풀밭에 내려쬐는 햇살 같은 명석함,
함께 조화를 이루고 있었다.

자꾸 만나고 만나면서
그의 가슴에 시냇물이 흐르고 있음을 알았다.
'사노라면' 을 노래 부를 때
그의 표정에서 나는 인생의 못다 한 꿈들이
솔솔 풍겨 나오는 걸 느낄 수 있었다.

그는 무엇인가를 향해서
단단하고 질기고 그리고 사람 냄새 나는 모습으로
힘차게 걸어갈 것이다.

축 간 사

아름다운 하프타임에 격려를

한 영 주 • 서울시정개발연구원 선임연구위원, 전 전북발전연구원장

'79년 고시로 행정공무원에 입문해 줄곧 행자부와 전라북도, 전주시 부시장에 이르기까지 30여 년의 공직생활이 여느 공무원과 다를 바 없이 평범하게 생각할지 모르지만, 안세경의 공직생활을 가까이에서 지켜본 나는 그의 곧은 소신과 지역을 위해 헌신하는 열정에서 특별함을 확인했다.

그동안의 공직생활 과정에서 틈틈이 모은 생각들을 정리해서 책을 출간한다며 추천사를 제의받고 그와의 인연부터 떠올렸다. 90년대 말 서울시정개발연구원에 있으면서 전주발전포럼을 주도 할 때 전주시 문화영상산업국장으로 있던 그를 처음 만났다. 물론 개인적으로는 고등학교 후배이긴 하지만 이전에 서로 알고 지낸 사이는 아니었다. 그 후 내가 2003년부터 2006년까지 전북발전연구원장으로 재직할 때 2006년에 안세경 부시장은 전라북도 기획혁신전략본부장(기획관리실장)으로 근무하면서 전라북도 정책수립의 중심 역할을 전담하였고 내가 연구원에서 정책지원 역할을 하면서 그와 카운트파트로 일을 하게 된 것이 업무적으로 공식적인 첫 인연이다.

당시에 지역현안에 대한 비전을 가지고 열정을 바쳐 일하는 모습과 정책수립에 전북발전연구원을 활용하고 지원을 아끼지 않은 안세경의 모습에서 참 공직자의 진지한 지역사랑을 엿볼 수 있었다. 시간을 쪼개가며 전발연 연구진과 조찬회동을 통해 지역문제를 고민했던 그의 능력과 열정은 모든 공직자들의 귀감이 되기에 충분했다. 행자부에 있을 때는 전북발전연구원이 여성발전연구원과 통합해서 명실상부한 전북의 싱크탱크로 발족하는 데 많은 정보와 도움을 준 것도 기억이 새롭다.

전주시 부시장으로 재직하면서도 지역현안뿐만 아니라 인생에 대해서 서슴없이 자문을 구해오는 안세경 부시장의 모습에서 선배에 대한 끝없는 애정과 신뢰를 느낄 수 있었다.

이따금씩 전주에 갈 때 막걸리주점에서 안세경을 대하곤 했다. 수더분하고 서민적인 모습이 막걸리집 분위기와 너무 잘 어울린다. 시끌벅적한 막걸리 주점에서 지역현안문제며 인생 상담까지

폭 넓은 그와의 대화는 밤늦도록 이어져도 지루하지가 않았다. 심지가 곧고 화통하면서 자기관리가 엄격한 안 부시장의 매력을 엿볼 수 있는 대목이다. 어느 막걸리주점에서 했던 이야기가 생각난다. 우리 모두 신이 주신 인간의 본연의 모습(shape)을 찾아가자고…. 영적 은사(Spiritual gift), 열정(Heart), 능력(Ability), 인격(Personality), 경험(Experience)으로 만들어진 자기의 모습(S.H.A.P.E.)을 찾으려고 노력하자고 주문한 기억이 생경하다.

안 부시장은 사람들에게 충분히 매력을 느낄 만한 '모습'을 찾아가고 있는 듯해서 선배로서 뿌듯하고 한편으로는 부럽기도 하다.

인생을 운동경기에 비유했을 때 안 부시장의 공직생활 30여 년은 성공, 성취를 위해 앞만 보고 달려온 전반전이라면 후반전은 의미를 찾아가는 여정(journey)이라고 할 수 있을 것이다. 이미 자신이 다져온 열정, 능력, 인격, 경험, 영적 재능으로 이루어진 모습으로 이타적 관점에서 선을 베풀고 지역사회발전을 위해 헌신할 수 있는 후반전의 시작을 지켜보고 싶다.

인생이 흔들릴 때마다 모든 걸 털어놓고 이야기를 할 수 있는 사람이 있다면 그 인생은 지킬 만한 가치가 있다. 어떤 길을 가든 가지 않은 길에 대한 회한은 남는다. 하지만 참된 대화의 벗이 있어 함께 간다면 가끔씩 흔들린다고 결코 외롭지 않을 것이다.

이제 인생의 전반을 접고 새로운 도전을 위한 후반을 준비하는 후배의 아름다운 "하프 타임"에 격려를 보낸다.

축 간 사

나의 벗 安世景

이춘구 • KBS기자, 전 모스크바 지국장

出於益山南星輝
勉學而弱冠登科
三十星霜爲牧民
君常謙虛慈蓋世

三江治水盡力連
新萬金雄飛之夢
復興大百濟榮華
故鄕跳躍必然景

出於益山南星輝 (출어익산남성휘)

존경하는 벗은
솔리에서 나
남성을 빛나게 했습니다

勉學而弱冠登科 (면학이약관등과)

어려서 총민해
힘써 학문하고
약관에 등과했으며

三十星霜爲牧民 (삼십성상위목민)

삼십여 년을
공직에 헌신하며
목민관으로 충성을 다했습니다

君常謙虛慈蓋世 (군상겸허자개세)

벗은 늘
낮은 자세로 임해
자애로써 서민을 어루만졌습니다

三江治水盡力連 (삼강치수진력연)

금강
만경강
동진강 치수에 힘을 다해

新萬金雄飛之夢 (신만금웅비지몽)

새만금

웅비의

커다란 꿈을 이어가고 있으며

復興大百濟榮華 (부흥대백제영화)

대백제의

영화를

되살리기 위해 충성하니

故鄕跳躍必然景 (고향도약필연경)

벗의 고향

익산의 도약은

필연적으로 밝고 클 것입니다

안세경 씨는 나의 오랜 벗이다. 벗은 솜리가 고향으로 명문 남성중학교를 다녔다. 우리는 '삼남의 으뜸이라 만경벌 여기 기름진 솜리 땅은 마한의 금마 의젓한 백제 문화 동방에 흘러 한별이 새로 나니 빛발도 클사~' 라며 목청껏 교가를 부르곤 했다. 설립자 이윤성 여사 동상 앞에서 날마다 지도를 잘 해주시고 큰 꿈을 이루게 해달라고 빌곤 했다. 우리는 그렇게 발랄한 중학 시절을 지낸 뒤 전주고등학교로 같이 진학하게 됐다. 남성고등학교 동계 진학을 엄격히 했던 선배들과는 달리 우리 때는 폭이 넓어져 백여 명이 대거 전주고등학교로 갈 수 있었다. 우리는 전라선 열차를 타고 통학을 같이 하며 축구도 같이 하는 등 남다른 우애를 쌓을 수 있었다. 전주의 진산인 기린봉에 올라 후백제의 부흥을 얘기하며 조선 왕조의 본향 사람으로서 기개를 다지곤 했다. 우리는 어린 나이에도 나라의 앞길을 걱정하고 호남이니 영남이니 지방색을 앞세우는 데 몸을 떨어야 했다. 지성인으로서 지방색을 띠는 것은 너무도 창피스러운 일이었기 때문이다. 국가 통합은 평생 우리의 큰 과제가 됐다.

그 뒤 안세경 씨는 서울대를 나와 약관의 나이로 고시에 합격하고 공직에 들어섰다. 기획실장, 농정국장 등 전라북도와 청와대 비서관, 전주 부시장 등의 주요 직책을 두루 거치며 고향 발전의 초석을 다졌다. 특히 금강과 만경강, 동진강 등 삼강의 치수에 역점을 두있다. 이는 새만금사업의 원활한 추진에 동력을 불어넣었으며 용담댐 완공에도 지대한 기여를 한 바 있다. 우리 고향의 풍수상 용담이 완공되고 금강과 만경강, 동진강이 운하로 연결되면 큰 인물이 난다 했다. 그래서 그런지 안세경 씨는 청와대에서 일하며 국정에도 참여해 나라의 앞길을 바로잡는 데도 큰 도움을 준 바 있다. 특히 백제의 후손으로서 백제의 찬란한 문화를 다시 꽃피우는

데 열정을 다 쏟았다. 백제의 중심으로서 솜리, 금마, 익산을 올곧게 세우기 위함에 다름이 아니다. 이는 우리 고향의 자존이며, 우리 고향의 진로이다. 우리가 다른 지역과 맞서기 위함 아니라 서로 개성을 살려 공존공영의 길을 찾기 위한 것이다. 자애로써 주민을 감싸고 고향발전을 위해 상념에 잠겨 있는 안세경 씨에게서 진실된 목민관의 모습을 찾을 수 있을 것이다.

● 책을 엮고 나서

만경들판에 함박눈이 나비처럼 훨훨 날리는 날, 세상에 나의 발자국을 뚜렷하게 남기고 싶었다.

30년간의 공직생활을 통해, 보고 느끼고 생각한 것들을 모으고, 다듬고 정리하였다. 그리고 틈틈이 써 왔던 일기와 그동안 어둠 속에서 빛을 보지 못한 이야기들을 모아 세상에 조심스럽게 첫 얼굴을 내밀었다.

산으로 막아둔 세월을 가만히 건느려 이 세상의 빛을 보게 되었을 때, 기쁨보다는 아쉽고 부끄러운 내 자신에 대한 성찰을 많이 하게 되었다.

기운 자리가 보이지 않는 아름다운 옷으로 만들고 싶은 욕심으로 내 삶의 이야기를 진솔하게 정리하여 『나 당신 그리고 우리』라는 책명으로 탄생시켰다.

얼고 녹기를 수없이 반복하여 봄이 오듯이 우리의 삶도 녹아내려 당신과 그리고 우리들이 잘 사는 아름다운 세상이길 바라며, 축간사의 글을 써주신 분들과 신아출판사에 깊은 감사를 표한다. 진심으로 감사하다.

2010년 정월에

안세경

안세경愛 희망 이야기

초판1쇄인쇄 / 2010년 1월 30일
초판1쇄발행 / 2010년 2월 03일

지 은 이 / 안 세 경
발 행 인 / 서 정 환
발 행 처 / 신아출판사

출판등록 / 1984년 8월 17일 제28호
주 소 / 전주시 완산구 태평동 251-30
전 화 / (063) 275-4000, 252-5633
팩 스 / (063) 274-3131
E-mail / sina321@hanmail.net

값 12,000원

ISBN 978-89-5925-658-7 03810